CIÊNCIA do FAÇA VOCÊ MESMO ENGENHARIA

mais de 20 atividades incríveis para fazer em casa.

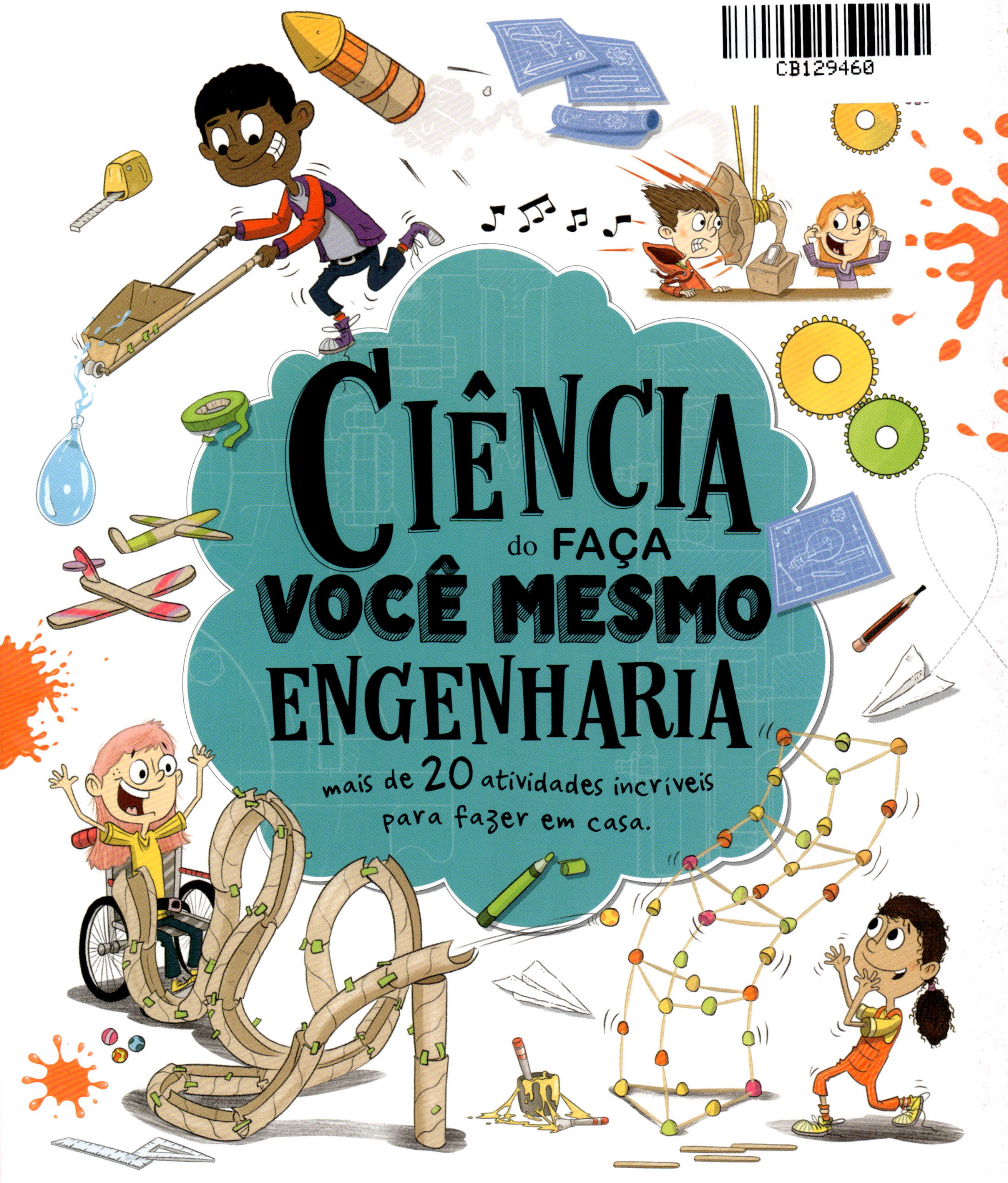

Happy Books

Happy Books

Rodovia Jorge Lacerda, 5086 - Poço Grande
Gaspar - SC | CEP 89115-100

Texto:
Wednesday Jones

Ilustração:
Karl West

Tradução:
Central de Traduções & Global Languages LTDA

Revisão:
Karin E. Rees de Azevedo

IMPRESSO NA CHINA

ÍNDICE

COMO SER UM ENGENHEIRO

É ÚTIL TER UM CADERNO OU DIÁRIO NO QUAL POSSA ESCREVER AS SUAS NOTAS E PENSAMENTOS SOBRE AS SUAS EXPERIÊNCIAS E O MUNDO À SUA VOLTA.

OBSERVE

LEVE O SEU CADERNO DE ENGENHARIA CONSIGO E TOME NOTAS SOBRE AS COISAS QUE VÊ. SE VOCÊ FOR CAMINHAR, ANOTE OU DESENHE DIFERENTES TIPOS DE EDIFÍCIOS OU VEÍCULOS QUE IDENTIFICAR. QUANTO MAIS VOCÊ PERCEBER SOBRE O MUNDO AO SEU REDOR, MAIS VOCÊ SERÁ CAPAZ DE PENSAR EM NOVAS PERGUNTAS.

QUESTIONE

COMO EDIFÍCIOS REALMENTE ALTOS PERMANECEM DE PÉ? COMO FUNCIONAM OS ELEVADORES E ESCADAS ROLANTES? CONTINUE A PENSAR EM PERGUNTAS E ESCREVA-AS. SE VOCÊ DESCOBRIR A RESPOSTA MAIS TARDE, TAMBÉM PODERÁ ADICIONÁ-LA AO SEU BLOCO DE ANOTAÇÕES!

TENTE ADIVINHAR O QUE IRÁ ACONTECER (ANTES DE ACONTECER)

ISSO CHAMA FAZER UMA PREVISÃO. O QUE ACONTECERÁ SE TENTAR CONSTRUIR UM CARRO COM PLÁSTICO? O QUE ACONTECERÁ SE VOCÊ MUDAR A FORMA DO FOGUETE OU USAR UM PRODUTO QUÍMICO DIFERENTE PARA FAZER UMA BOLA SALTITANTE? ESCREVA O QUE PENSA QUE VAI ACONTECER ANTES DE FAZER A EXPERIÊNCIA.

FAÇA A EXPERIÊNCIA

FAÇA ANOTAÇÕES SOBRE COMO FAZER A EXPERIÊNCIA. TODOS OS TIPOS DE COISAS PODEM FAZER A DIFERENÇA NOS RESULTADOS. VOCÊ USOU COLA EM VEZ DE FITA ADESIVA OU TROCOU A ORDEM DAS ETAPAS? ANOTE O QUE ACONTECEU. SE VOCÊ FEZ ALGUMA MEDIÇÃO, ESCREVA. DESENHE OU TIRE FOTOS PARA COLAR EM SEU CADERNO.

E SE NÃO FUNCIONAR COMO DEVERIA?

UM ASPECTO IMPORTANTE DE SER ENGENHEIRO É A RESOLUÇÃO DE PROBLEMAS. ÀS VEZES, A EXPERIÊNCIA NÃO VAI FUNCIONAR PERFEITAMENTE IMEDIATAMENTE, ENTÃO VOCÊ PRECISARÁ PENSAR COMO UM ENGENHEIRO E VER COMO VOCÊ PODE MELHORAR. ISSO É ALGO EM QUE OS ENGENHEIROS PRECISAM SER BONS. SEU CADERNO DE ENGENHARIA SERÁ MUITO ÚTIL.

ELABORE NOVAS PERGUNTAS

USE OS SEUS RESULTADOS PARA PENSAR EM OUTRAS PERGUNTAS. O QUE VOCÊ FARIA DE DIFERENTE DA PRÓXIMA VEZ? O QUE VOCÊ ACHA QUE MUDARIA? COMECE O PROCESSO DE NOVO! ESSE PROCESSO É CONHECIDO COMO MÉTODO CIENTÍFICO. AS PESSOAS SEGUEM ESSES PASSOS HÁ MAIS DE MIL ANOS, E ISSO AJUDOU OS CIENTISTAS A ELABORAREM AS RESPOSTAS PARA PERGUNTAS DE "O QUE ACONTECE SE EU BATER NESSA COISA COM UMA GRANDE ROCHA?" A "QUAL É A FORMA DO UNIVERSO?"

NOTAS PARA ADULTOS

ENGENHARIA É UM GRANDE TÓPICO, ENTÃO NÃO SE PREOCUPE SE NÃO SOUBER TODAS AS RESPOSTAS! SE O SEU FILHO LHE PERGUNTAR ALGO SOBRE O QUAL NÃO TEM A CERTEZA, PENSEM JUNTOS EM COMO PODEM MUDAR A EXPERIÊNCIA PARA DESCOBRIR OU ONDE A PODEM PROCURAR. AO FAZER ESSAS EXPERIÊNCIAS COM O SEU FILHO, MANTENHA AS COISAS LEVES E DIVERTIDAS E DEIXE O SEU FILHO ASSUMIR A LIDERANÇA. AJUDE-O COM AS PARTES COMPLICADAS, FAÇA MUITAS PERGUNTAS E CERTIFIQUE-SE DE DE QUE ELE FIQUE SEGURO.

⚠ AVISO

ALGUMAS DAS EXPERIÊNCIAS NESTE LIVRO ENVOLVEM RISCOS POTENCIAIS, COMO CALOR OU IMPLEMENTOS AFIADOS.
A EDITORA RECOMENDA ENFATICAMENTE QUE OS PAIS E RESPONSÁVEIS SUPERVISIONEM SEUS FILHOS DURANTE TODAS AS ATIVIDADES, DANDO ATENÇÃO ESPECIAL AOS ESTÁGIOS MARCADOS COM UM SINAL DE ALERTA TRIANGULAR.
SEMPRE QUE INICIAR UM DESSES EXPERIMENTOS, LEIA AS INSTRUÇÕES E CONSIDERE QUAIS PRECAUÇÕES DE SEGURANÇA SÃO NECESSÁRIAS. É UMA BOA IDEIA ENVOLVER O SEU FILHO NESTA DISCUSSÃO: IDENTIFICAR RISCOS E TOMAR PRECAUÇÕES SENSATAS É UMA PARTE FUNDAMENTAL DA VIDA LABORATORIAL.
FALE SOBRE QUESTÕES COMO SERIA MELHOR USAR ROUPAS DE PROTEÇÃO, TAIS COMO: ÓCULOS OU LUVAS DE BORRACHA, E SE É MELHOR FAZER O EXPERIMENTO DENTRO OU FORA DE CASA EM UM LUGAR SEGURO.
SEMPRE USE SEU JULGAMENTO E FIQUE SEGURO.

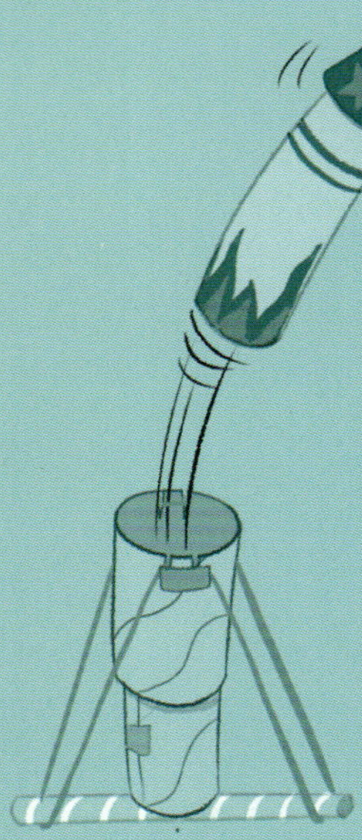

EXPERIÊNCIAS ESTIMULANTES

EXPERIÊNCIAS ESTIMULANTES

Você já se perguntou como um carro de montanha-russa vai tão rápido, ou como um paraquedas realmente funciona?
Você já olhou para alguma coisa e pensou "é bom, mas eu posso melhorar"?
Em caso afirmativo, você está pensando como um engenheiro.
Qual é a primeira pergunta que todo engenheiro deve fazer?
Não, não é "onde estão os lanches?".
É "Qual é o problema que precisa ser resolvido?".
Use essas experiências para ajudá-lo a olhar para os problemas (como alcançar as coisas no alto ou como fazer uma chamada usando apenas copos de papel e barbante) e encontrar maneiras novas e emocionantes de resolvê-las.

MANDÍBULAS DE MONSTRO

OS SEUS PAIS MANTÊM OS LANCHES BONS LÁ EM CIMA, FORA DO SEU ALCANCE? BEM, NÃO MAIS COM ESTE AGARRADOR MONSTRUOSAMENTE DIVERTIDO.

VOCÊ VAI PRECISAR DE

- 13 PALITOS DE SORVETE
- COLA
- 13 CLIPES DE PAPEL
- TESOURAS
- PAPELÃO GROSSO
- UM ADULTO COM UMA BROCA PARA FAZER O TRABALHO DURO
- 2 ELÁSTICOS
- LÁPIS

ETAPA 1

PEGUE DEZ PALITOS E PEÇA A UM ADULTO PARA FAZER TRÊS BURACOS EM CADA UM USANDO UMA BROCA. OS BURACOS PRECISAM SER GRANDES O SUFICIENTE PARA ENCAIXAR UM CLIPE DE PAPEL.

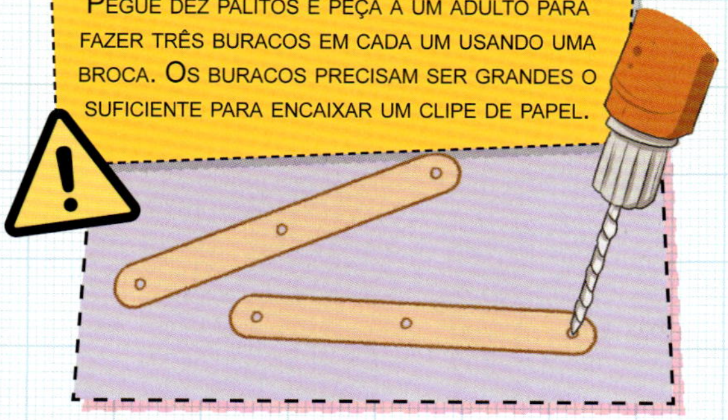

ETAPA 2

ALINHE DOIS DOS PALITOS E EMPURRE O CLIPE DE PAPEL ATRAVÉS DOS BURACOS CENTRAIS. ABRA O CLIPE PARA PRENDÊ-LO. REPITA USANDO OS OUTROS PALITOS PARA QUE VOCÊ TENHA CINCO CRUZES.

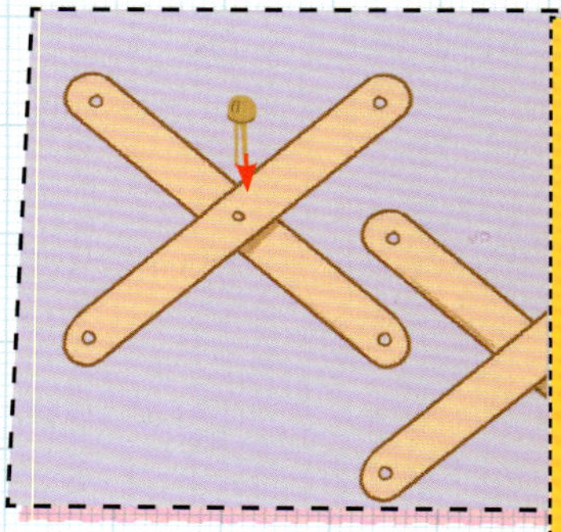

ETAPA 3

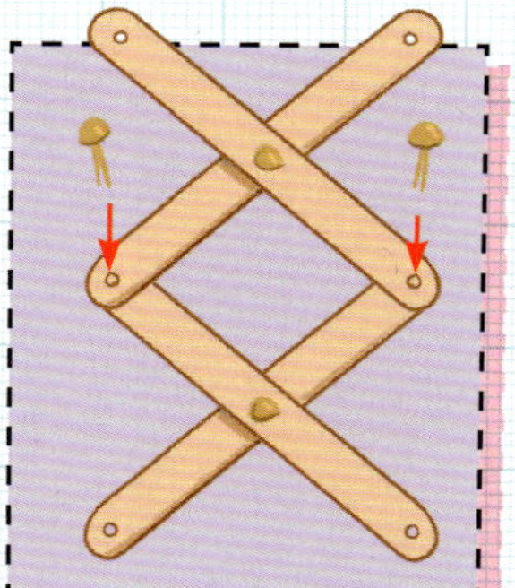

PEGUE DUAS CRUZES E ALINHE A PARTE SUPERIOR DE UMA COM A PARTE INFERIOR DA OUTRA (NÃO IMPORTA PARA QUE LADO ESSAS VÃO). EMPURRE UM CLIPE DE PAPEL ATRAVÉS DOS BURACOS DE CADA LADO PARA QUE AS CRUZES ESTEJAM TODAS CONECTADAS UMAS ÀS OUTRAS

ETAPA 4

QUANDO TIVER LIGADO TODAS AS CRUZES, ABRA E FECHE O AGARRADOR ALGUMAS VEZES PARA SE CERTIFICAR DE QUE O MOVIMENTO É SUAVE.

ETAPA 5

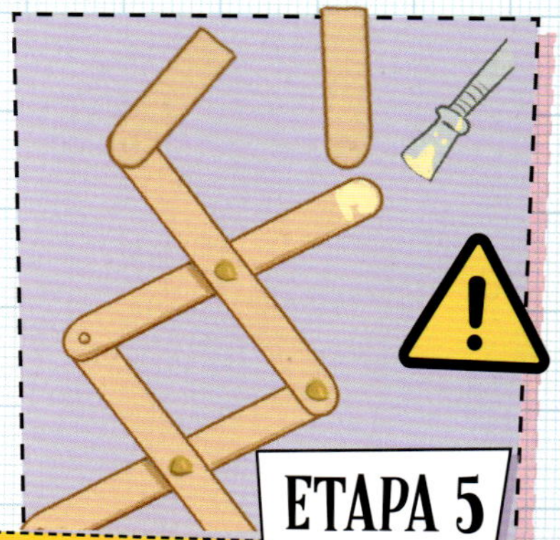

CORTE OUTRO PALITO AO MEIO. COLE AS DUAS METADES DO PALITO NO TOPO DO SEU AGARRADOR.

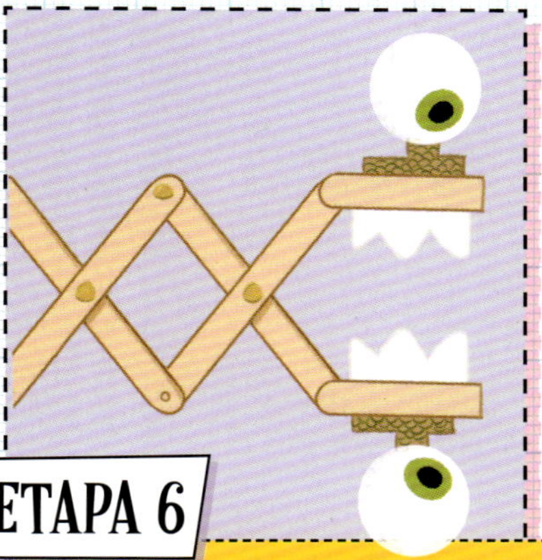

ETAPA 6

Usando o papelão grosso, desenhe e corte alguns dentes assustadores. Cole-os nos palitos que você adicionou na etapa 5. Por que não adicionar olhos arregalados e algumas escamas assustadoras?

ETAPA 7

Cole um palito em ambos os lados da parte inferior do agarrador para fazer alças. Você pode embrulhá-los em elásticos ou fita áspera, se quiser, para melhorar a aderência. Agora, vá encontrar coisas escondidas!

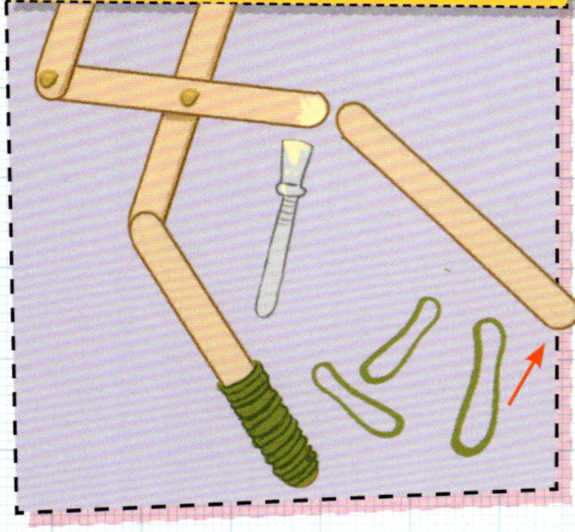

COMO FUNCIONA?

Alavancas são ferramentas de engenharia para transformar pequenos movimentos em grandes (ou vice-versa). Uma alavanca é uma vara ou poste sólido que gira em torno de um pivô. Seu agarrador é feito de muitas alavancas (palitos de sorvete) girando em muitos pivôs (clipes de papel). As alavancas empurram umas às outras, transformando o pequeno movimento que suas mãos fazem ao empurrar as alças em um grande movimento para as mandíbulas do seu agarrador.

Diversão com carrinhos!

Surpreenda os seus amigos com a sua magnífica força, carregando objetos pesados por aí sem suar. Vai ser divertido.

Você vai precisar de:

- 1 caixa de sapato
- 2 pedaços de madeira com 2,5 x 2,5 cm de largura e pelo menos 50 cm de comprimento
- 1 carretel de linha vazio
- 1 pedaço de papelão
- Algo pesado
- Lápis
- Fita adesiva
- Tesouras

Etapa 1

Corte o pedaço de papelão em um retângulo com a mesma altura e largura da sua caixa de sapatos.

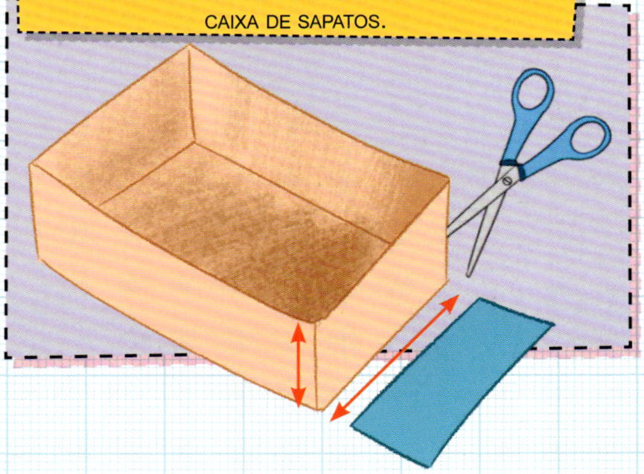

Etapa 2

Usando fita adesiva, fixe o pedaço de papelão dentro do meio da caixa para fazer duas seções iguais.

Etapa 3

Cole os dois comprimentos de madeira na parte inferior da caixa. Certifique-se de que a madeira esteja posicionada em ângulo, para que, em uma extremidade, a distância entre as duas peças seja apenas um pouco mais larga do que o carretel vazio. Pode ser necessário usar muita fita para fixar.

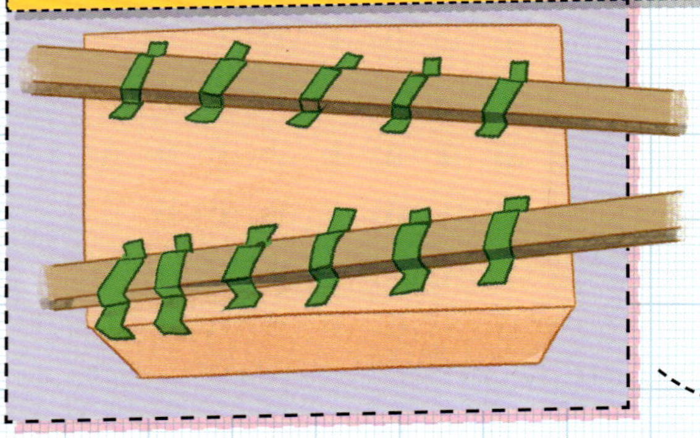

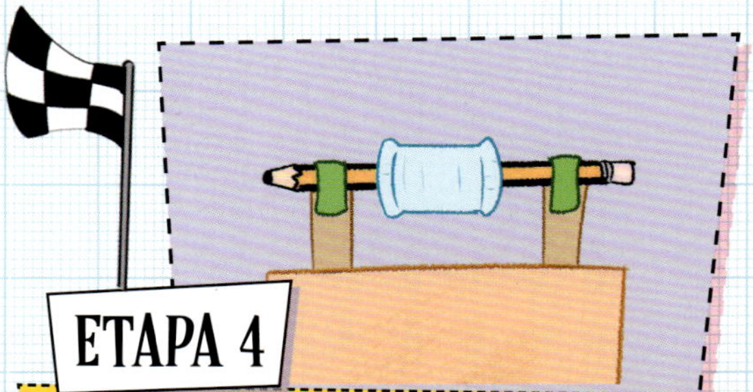

Etapa 4

Pegue o lápis e o carretel vazio. Empurre o lápis através do buraco no carretel e, em seguida, cole as extremidades do lápis nas extremidades estreitas dos comprimentos de madeira usando fita adesiva.

ETAPA 5

Coloque o seu item pesado e completamente inquebrável na parte superior da caixa de sapatos mais perto das suas mãos. Em seguida, levante a caixa usando o pegador. É fácil de levantar? Mova a coisa pesada para a parte da frente. É muito mais fácil de levantar agora?

COMO FUNCIONA?

Você notou que é mais fácil levantar o objeto quando ele está na parte da caixa que está mais longe das suas mãos? Isso acontece porque as alças do carrinho de mão são na verdade alavancas longas. As alavancas transformam um movimento grande e fácil na extremidade superior (suas mãos levantando as alças) em um movimento menor, mas mais poderoso, na extremidade inferior. O carretel de linha é o ponto de giro (pivô) e ajuda você a mover a carga. Quando você pega as alças do carrinho de mão e o levanta, na verdade está aplicando esforço na alavanca. Quando você aplica força (com um pequeno empurrão), a roda começa a rolar, permitindo que você mova sua carga pesada com facilidade.

TELEFONES DE COPO DE PAPEL

Deseja ter o seu próprio telefone? Bem, tudo o que você precisa fazer é seguir essas etapas. Ring, ring...

VOCÊ VAI PRECISAR DE

- 1 comprimento de barbante
- 2 copos de papel
- 2 clipes de papel
- 1 tachinha
- um adulto

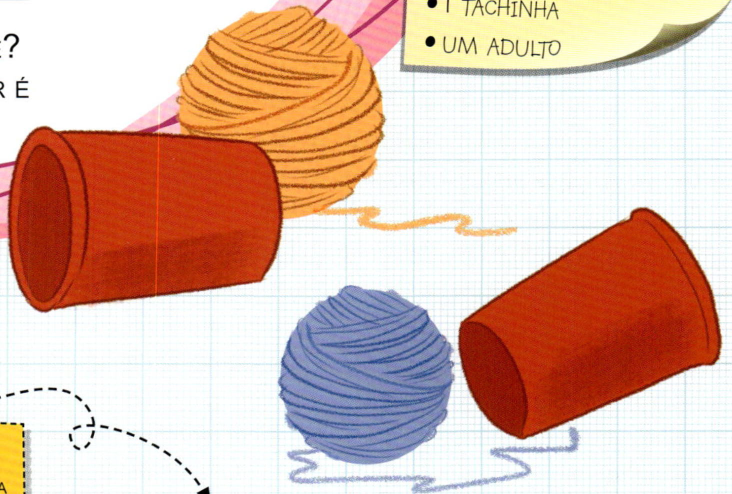

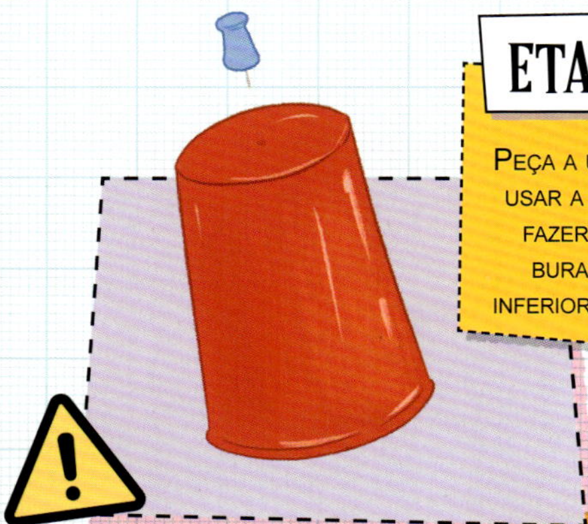

ETAPA 1

Peça a um adulto para usar a tachinha para fazer um pequeno buraco na parte inferior de cada copo.

ETAPA 2

Certifique-se de que os fundos dos copos estejam voltados um para o outro. Coloque as extremidades do barbante através dos furos.

ETAPA 3

Amarre um clipe de papel em cada extremidade do barbante.

COMO FUNCIONA?

Ouvimos sons quando nossos ouvidos captam vibrações no ar, chamadas ondas sonoras. O legal é que essas vibrações podem viajar por outras coisas além do ar! Quando você fala em seu copo, as ondas sonoras são transferidas pelo barbante para o copo na extremidade oposta. Se você tivesse três ou quatro copos e juntasse o barbante de cada uma, poderia conversar com mais de uma pessoa. O barbante de cada pessoa tem que estar esticado!

ETAPA 4

Puxe o barbante com força para que os clipes de papel sejam puxados para a parte inferior dos copos. Revezem-se falando em um dos copos. Segure o outro copo no ouvido para ouvir.

E AGORA?

Por que não tentar usar materiais diferentes? Você ainda consegue ouvir a outra pessoa se usar uma garrafa de plástico? E se usar lã ou fio em vez de barbante?

REMANDO PARA LONGE

O DESAFIO, SE VOCÊ OPTAR POR ACEITÁ-LO, É PROJETAR E CONSTRUIR UM BARCO A REMO COM ITENS DO DIA A DIA. O BARCO A REMO PRECISA SER CAPAZ DE VIAJAR EM LINHA RETA, TANTO QUANTO POSSÍVEL.

VOCÊ VAI PRECISAR DE:

- UMA BANHEIRA DE ÁGUA (UMA BANHEIRA OU UMA PISCINA INFANTIL FUNCIONARÁ MELHOR)
- 1 RECIPIENTE DE PLÁSTICO (COMO UMA CAIXA DE SANDUÍCHE)
- 3 ELÁSTICOS LONGOS
- GARRAFA DE LEITE DE PLÁSTICO VAZIA
- 2 LÁPIS
- TESOURAS

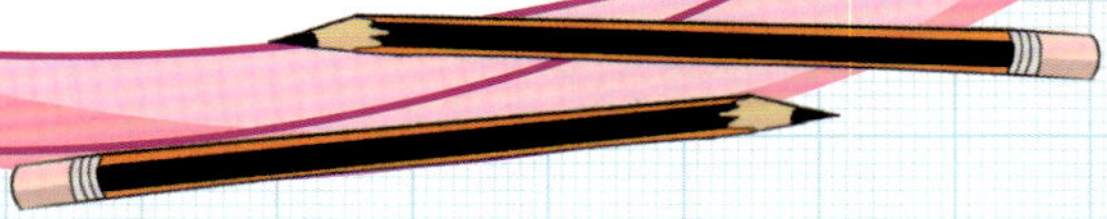

ETAPA 1

ENROLE UM ELÁSTICO NO MEIO DO RECIPIENTE E EMPURRE OS LÁPIS, UM DE CADA LADO. ENROLE UM ELÁSTICO EM CADA EXTREMIDADE DOS LÁPIS. VOCÊ PODE PRECISAR PEDIR A ALGUÉM PARA SEGURAR OS LÁPIS NO LUGAR ENQUANTO FAZ ISSO.

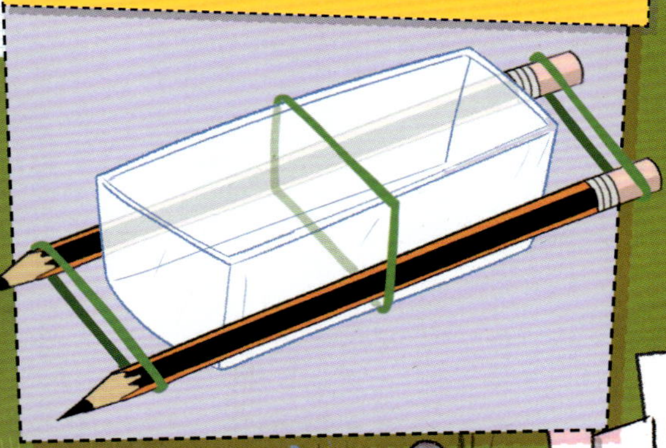

ETAPA 2

CORTE DOIS RETÂNGULOS NAS LATERAIS DA GARRAFA DE LEITE VAZIA. DEVEM TER A MESMA LARGURA QUE O SEU RECIPIENTE DE PLÁSTICO.

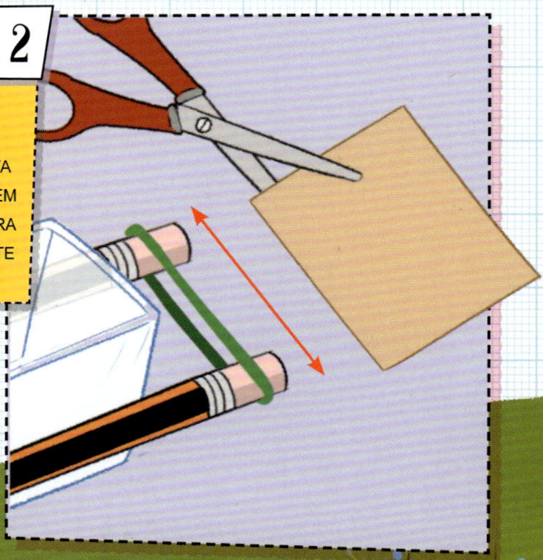

ETAPA 3

Corte uma fenda no meio do caminho em cada retângulo, no menor lado. Deslize as duas fendas uma na outra, de modo que essas formem uma cruz. Isto é... seu remo.

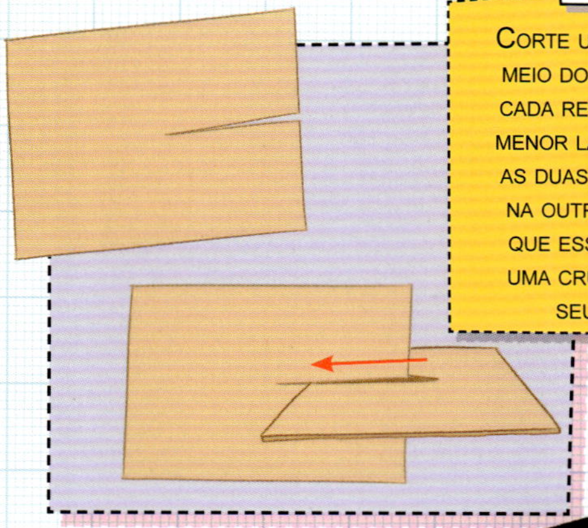

ETAPA 4

Deslize cuidadosamente o remo para o elástico na parte de trás do barco, para que o elástico fique no meio da cruz.

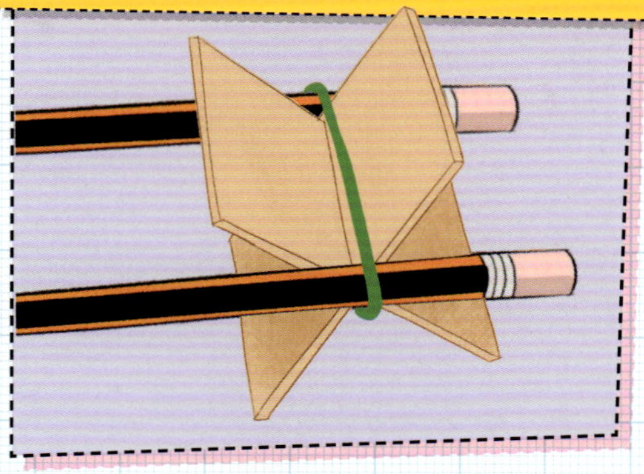

ETAPA 5

Gire os remos até que o elástico esteja apertado. Coloque o barco em uma banheira ou piscina cheia de água. Solte os remos e veja o seu pequeno barco ir embora!

COMO FUNCIONA?

As máquinas precisam de energia para alimentá-las. Quando você torce o elástico, ele armazena energia dentro dele. Quando você solta, o elástico se destorce e gira os remos, transferindo energia para esses e impulsionando o barco para frente.

DECOLAR!

Fazer este foguete será uma EXPLOSÃO de diversão! Basta ter certeza de que está longe de itens quebráveis, janelas e pessoas. Ok, pronto para o lançamento. Em 3... 2... 1...

Você vai precisar de:

- 2 tubos de papelão
- 3 folhas de cartão
- 1 canudo (ou um pauzinho de madeira ou lápis)
- 1 elástico
- cola
- tesouras
- fita adesiva

ETAPA 1

Corte um dos tubos de papelão ao longo de um lado. Role-o para que o tubo fique menor (cerca de metade do tamanho), então use um pouco de fita adesiva para fixar no lugar.

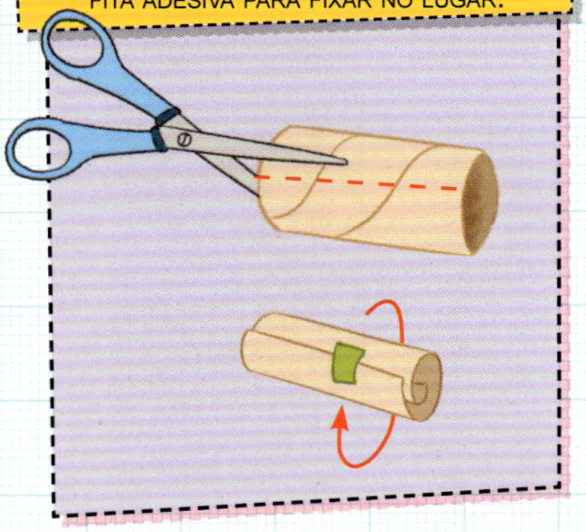

ETAPA 2

Em sua folha de cartão, desenhe em torno de uma extremidade do tubo a partir da etapa 1. Corte o círculo e cole-o na extremidade do tubo usando fita adesiva.

ETAPA 3

Usando a cola, cole o canudo no círculo de cartão.

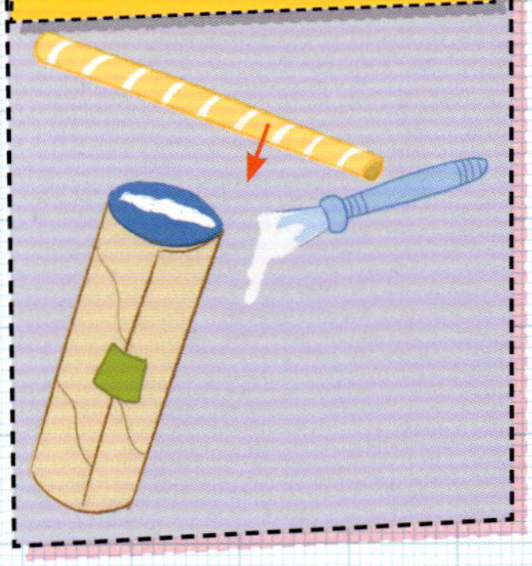

ETAPA 4

Pegue o outro tubo de papelão e corte duas fendas em uma extremidade, cerca de 1 cm de comprimento e 2 cm de distância. Corte mais duas fendas na mesma extremidade, diretamente em frente às duas primeiras.

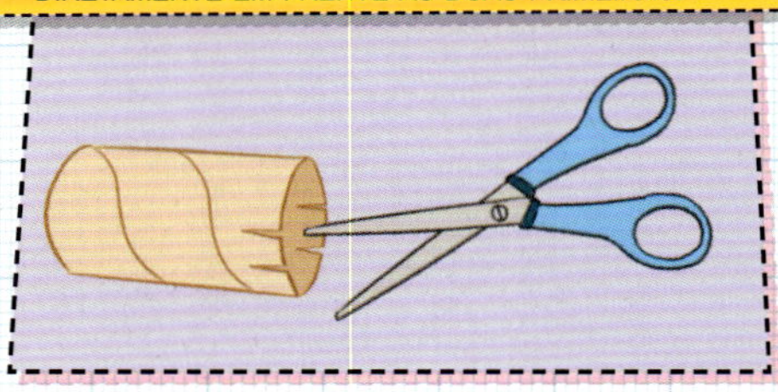

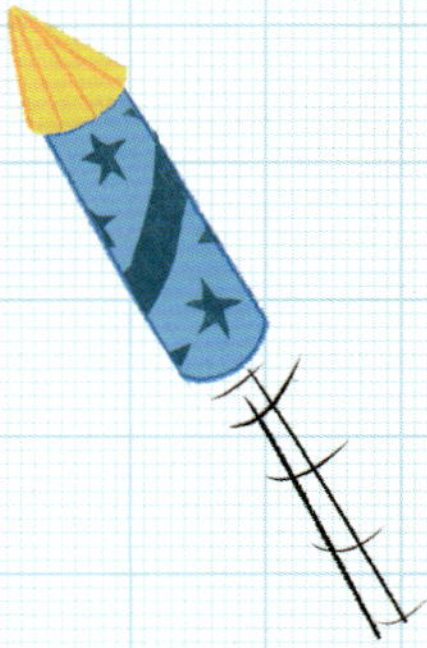

ETAPA 5

Coloque o tubo menor dentro do maior. Enrole o centro do elástico através das fendas no tubo maior, em seguida, puxe as extremidades para baixo e sobre as extremidades do canudo. Coloque um pouco de fita sobre as fendas para reforçar as abas de papelão.

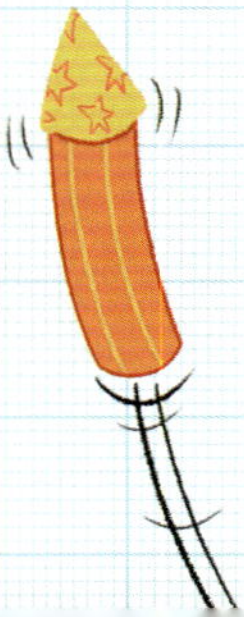

ETAPA 6

Enrole um pedaço de cartão em um tubo e cole-o no lugar com fita adesiva. Este tubo deve caber dentro do tubo de papelão maior.

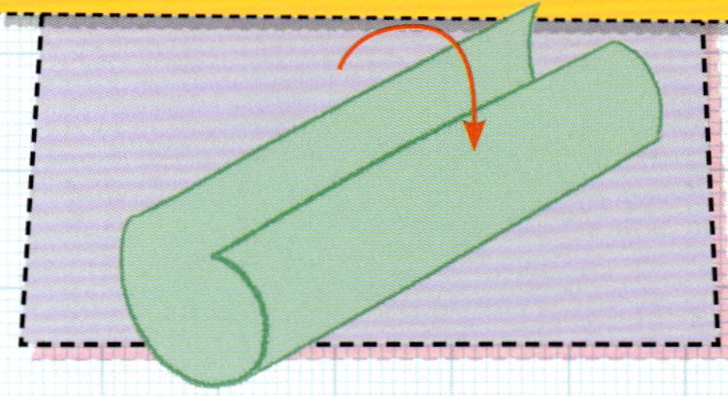

ETAPA 7

Desenhe um círculo grande em outro pedaço de cartão. Corte-o com a tesoura e, em seguida, corte uma fenda no centro do círculo.

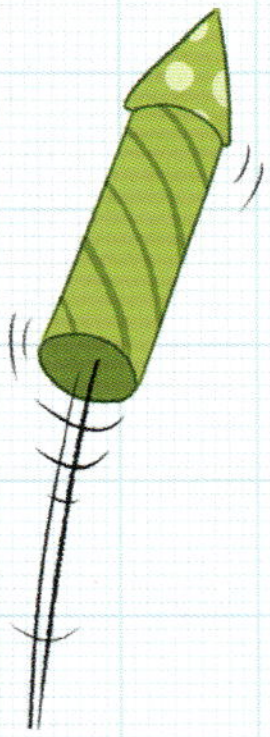

ETAPA 8

Puxe as bordas da fenda para fazer um cone e prenda com fita adesiva. Cole o cone na parte superior do tubo de cartão que rolou na etapa 6.

ETAPA 9

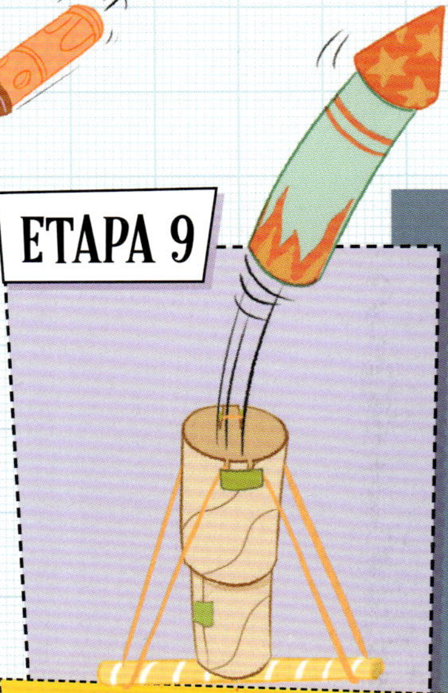

Decore o foguete e o lançador. Quando tudo estiver seco, coloque o foguete dentro do lançador, puxe o canudo e solte!

COMO FUNCIONA?

Quando você puxa o canudo, você está esticando o elástico e armazenando energia nesse. Quando você solta, a energia é transferida para o foguete, fazendo-o voar para cima. Weeeeee!

PULA PULA!

DIGA ADEUS A BOLAS SALTITANTES CHATAS, PORQUE É HORA DE FAZER SUA PRÓPRIA BOLA SUPERSALTITANTE, SUPERDIVERTIDA E MOVIDA A ENGENHARIA. FANTÁSTICO!

VOCÊ VAI PRECISAR DE:

- SOLUÇÃO PARA LENTES DE CONTATO (CONTENDO ÁCIDO BÓRICO)
- COLA PVA
- BICARBONATO DE SÓDIO
- CORANTE ALIMENTAR
- COPO DE PLÁSTICO
- COLHER DE SOPA
- COLHER DE CHÁ
- UM ADULTO

ETAPA 1

COLOQUE TRÊS COLHERES DE SOPA DE COLA DE PVA NO COPO DE PLÁSTICO.

ETAPA 2

EM SEGUIDA, ADICIONE CINCO A DEZ GOTAS DE CORANTE ALIMENTAR À COLA.

ETAPA 3

COLOQUE CUIDADOSAMENTE UMA COLHER DE CHÁ DE BICARBONATO DE SÓDIO E MEXA BEM.

ETAPA 4

ADICIONE DUAS COLHERES DE CHÁ DA SOLUÇÃO DE LENTES DE CONTATO. MAIS UMA VEZ, MEXA MUITO BEM.

ETAPA 5

Esvazie a mistura do copo sobre uma superfície coberta.

ETAPA 6

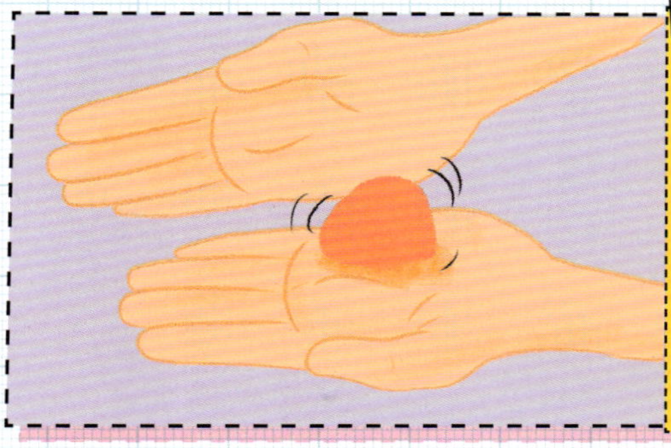

Hora de colocar as mãos na massa! Role a mistura entre as mãos para que essa forme uma bola. Se estiver um pouco pegajoso, despeje um pouco mais de solução de lentes de contato sobre a mistura.

ETAPA 7

Leva a bola lá para fora. Atire-a no ar e faça cara de metido enquanto essa salta.

COMO FUNCIONA?

Tudo ao seu redor é composto de pequenas partículas chamadas moléculas. Algumas coisas, como a água, têm moléculas bem pequenas, enquanto outras têm moléculas em forma de cadeias longas e finas. Essas moléculas em forma de cadeia são chamadas de polímeros e, quando se emaranham e se unem, podem fazer coisas resistentes e elásticas, como sua bola saltitante. Os polímeros são produtos químicos importantes e estão ao nosso redor. Polímeros naturais incluem coisas como lã e seda, e polímeros sintéticos (feitos pelo homem) são encontrados em plásticos, colas, coletes à prova de balas e até mesmo no revestimento de frigideiras!

OVOS VOADORES!

Construa um paraquedas para proteger um ovo enquanto você o atira pela janela. Sargento Ovo ao seu dispor!

VOCÊ VAI PRECISAR DE

- 1 FOLHA DE CARTOLINA
- 1 OVO COZIDO
- FITA ADESIVA
- TESOURAS
- FURADOR
- 2 SACOS PLÁSTICOS TRANSPARENTES
- PLÁSTICO BOLHA
- BARBANTE
- RÉGUA

ETAPA 1

Primeiro, faça um cesto pequeno para o seu ovo. Desenhe a forma abaixo em um pedaço de cartão, certificando-se de que o quadrado do meio é mais largo do que o ovo e, em seguida, corte-o. Dobre os lados e cole as bordas juntas.

ETAPA 2

Em seguida, corte cuidadosamente ao longo dos lados de ambos os sacos e cole-os para que você tenha uma longa folha de plástico.

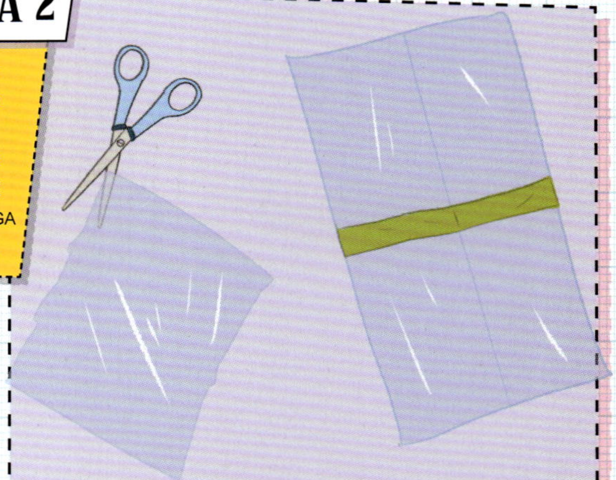

ETAPA 3

Usando o furador, faça quatro furos no cesto, um de cada lado.

ETAPA 4

Ainda usando o furador, faça furos em todos os quatro cantos da folha de plástico.

ETAPA 5

Corte quatro comprimentos de barbante de 30 cm. Amarre um pedaço de barbante em cada canto da folha de plástico. Amarre as outras extremidades nas laterais do cesto do paraquedas.

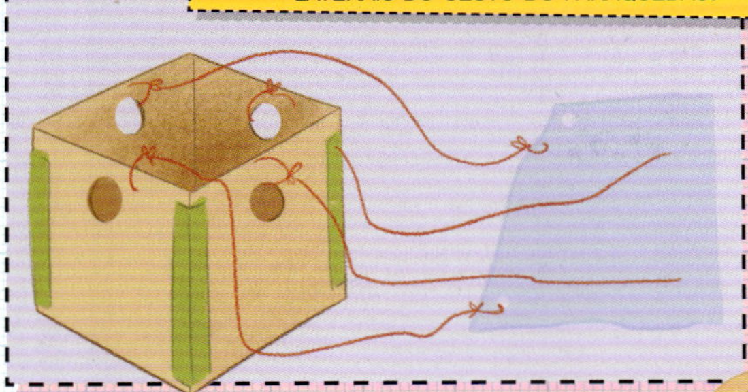

ETAPA 6

Antes de começar a jogar ovos pelas janelas, é uma boa ideia testar o paraquedas. Coloque uma pequena pedrinha no cesto para imitar o peso do ovo. Verifique se o paraquedas abre corretamente e cai lentamente.

ETAPA 7

Quando tudo estiver funcionando corretamente, dê ao ovo cozido um colete salva-vidas, embrulhando-o em plástico bolha e coloque-o no cesto. Se o seu cesto for muito grande, coloque plástico bolha nas lacunas.

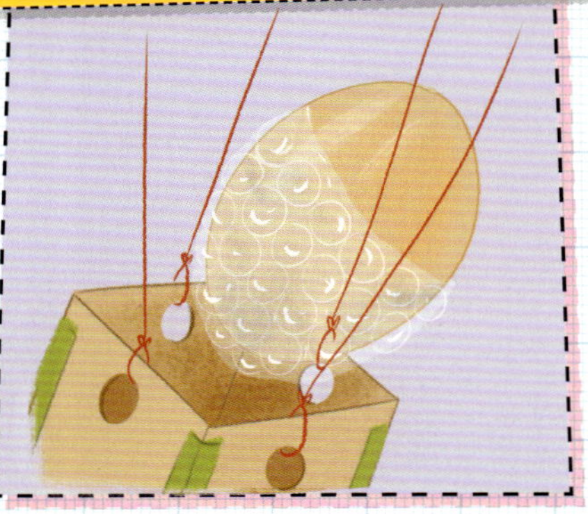

ETAPA 8

Agora largue o paraquedas de uma série de alturas diferentes. Verifique se o seu paraquedista desceu intacto entre cada queda e não está muito mexido. Sacou? Mexido. Ah!

E AGORA?

Este experimento é um pouco diferente dos outros. Enquanto você trabalha nas etapas, tente pensar em maneiras de melhorar o design. Você consegue pensar em uma maneira de fazer o paraquedas ficar no ar mais tempo?

Se você pudesse mudar seu design, o que você faria? Se você pudesse ter qualquer material que quisesse, o que usaria?

Use o caderno do seu engenheiro para registrar as diferentes maneiras de melhorar esse experimento. Mantenha um registro do que funciona e do que não funciona.

COMO FUNCIONA?

Existem duas forças agindo em seu pequeno ovo paraquedista: a força da gravidade puxando-o para baixo e a resistência do ar, que é a força de desaceleração criada pelo ar que ele tem que empurrar para o lado enquanto cai. Quanto maior a área de um objeto em queda, maior a resistência do ar e mais lento ele cai. Os paraquedas adicionam muita área, adicionando resistência ao ar para que seu ovo não caia muito rápido.

CINEASTA

Com o que toda criança sonha?
O seu próprio cinema e lanches ilimitados, certo?
Isso vai ajudar com a parte do cinema.
Quanto aos lanches, bem, isso é com você.

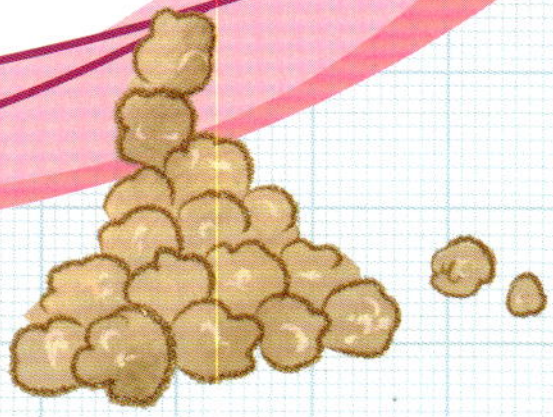

VOCÊ VAI PRECISAR DE

- 1 CAIXA DE PAPELÃO PEQUENA
- 1 FOLHA DE PAPELÃO
- 1 LUPA
- TESOURAS
- FITA ADESIVA
- 1 SMARTPHONE (VOCÊ PODE USAR UM TABLET, MAS PRECISARÁ DE UMA CAIXA MAIOR)
- UMA PAREDE BRANCA
- LÁPIS
- TINTA PRETA
- PINCEL
- UM ADULTO

ETAPA 1

Coloque a lupa de um lado da caixa de papelão e use um lápis para desenhar em volta dessa.

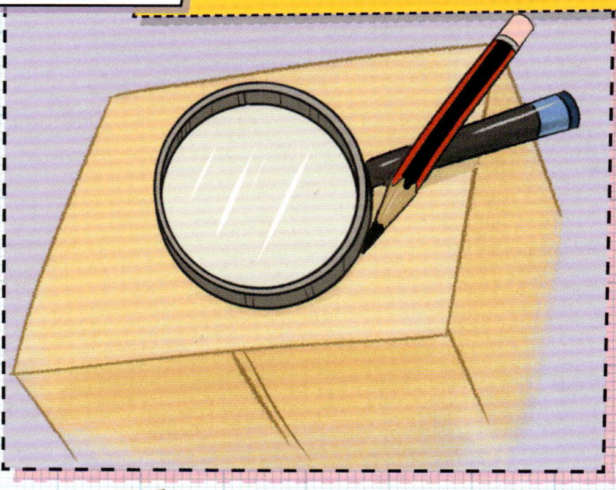

ETAPA 2

Peça a um adulto para ajudá-lo a fazer um buraco na caixa que seja ligeiramente menor do que as linhas circulares do lápis.

ETAPA 3

Use um pedaço de papelão para cortar e dobrar um suporte para o telefone. Prenda-o com um pedaço de fita adesiva.

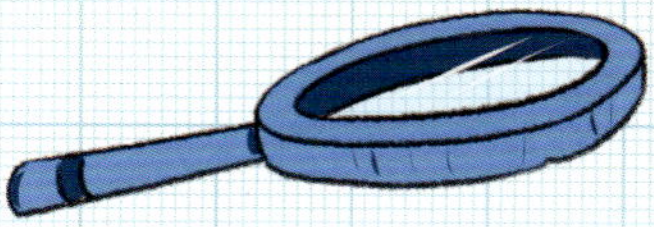

ETAPA 4

Pinte o interior da caixa com a tinta preta – tudo precisa ser pintado, incluindo o interior das abas.

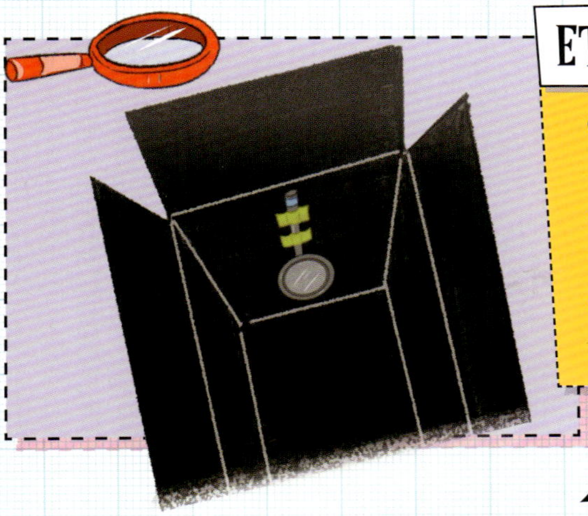

ETAPA 5

Cole a lupa dentro da caixa para que a lente esteja alinhada com o furo na caixa.

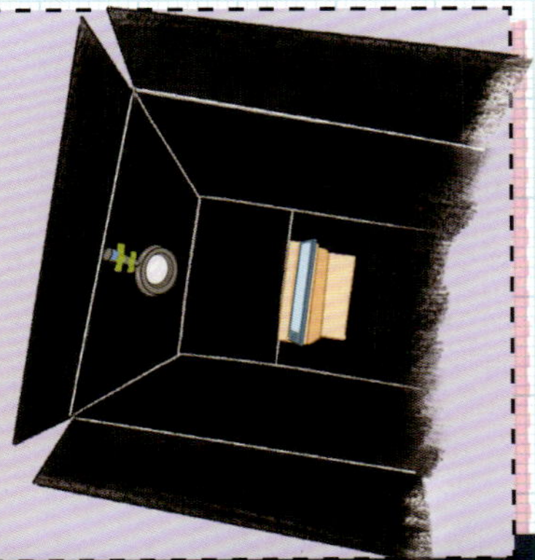

ETAPA 6

Deslize o suporte do telefone para dentro da caixa. Ligue o filme e bloqueie a tela do smartphone para que ele não possa girar. Coloque o telefone de cabeça para baixo no suporte e vire a extremidade de ampliação em direção a uma parede.

COMO FUNCIONA?

O olho humano tem uma lente que capta a luz e a guia para o centro de visão em nosso cérebro. A lente de aumento neste experimento funciona como a lente do seu olho – ela capta os raios de luz que a tela do smartphone emite e os inclina em direção à parede. Lembra quando você virou o smartphone de cabeça para baixo? Isso ocorre porque, quando uma lente capta os raios de luz, ela os atravessa e os vira. Nossos olhos também fazem isso, e tudo o que vemos é enviado ao nosso cérebro de cabeça para baixo. É o trabalho do nosso cérebro dar a volta por cima para que não vejamos o mundo de cabeça para baixo.

Esta experiência envolverá alguma tentativa e erro. Para obter uma imagem clara na parede, talvez seja necessário tentar mover o projetor para mais perto ou mais longe da parede. A sala também terá que ser muito escura e a tela do smartphone terá que estar no brilho máximo.

O TREM DO PETISCO

QUEM NÃO QUER OS SEUS PETISCOS FAVORITOS ENTREGUES SEMPRE QUE QUISER?

VOCÊ VAI PRECISAR DE

- 1 CAIXA DE PAPELÃO EXTRA GRANDE
- 1 CAIXA DE PAPELÃO PEQUENA
- FOLHA DE PAPELÃO ONDULADO
- BARBANTE (90 CM)
- LÁPIS
- TESOURAS
- COLA OU MASSA DE MODELAR
- 1 CARRETEL DE LINHA VAZIO
- 2 ESPETOS DE MADEIRA
- 2 PALITOS DE SORVETE
- UM ADULTO COM UMA BROCA
- FITA ADESIVA

ETAPA 1

CORTE AS ABAS DA SUA CAIXA DE PAPELÃO EXTRA GRANDE. GIRE A CAIXA NA SUA EXTREMIDADE E DESENHE UM GRANDE RETÂNGULO NO CENTRO. PEÇA A UM ADULTO PARA AJUDÁ-LO A CORTÁ-LO E COLOCAR O PEDAÇO DE PAPELÃO DE UM LADO.

ETAPA 2

CORTE DOIS PALITOS AO MEIO E PEÇA A UM ADULTO PARA AJUDÁ-LO A FAZER BURACOS EM TODAS AS QUATRO EXTREMIDADES ARREDONDADAS USANDO UMA BROCA.

ETAPA 3

DESLIZE UM CARRETEL VAZIO SOBRE UM ESPETO DE MADEIRA E FIXE-O NO CENTRO USANDO COLA OU MASSINHA DE MODELAR.

ETAPA 4

EMPURRE DUAS DAS METADES DO PALITO DA ETAPA 2 EM UMA EXTREMIDADE DO ESPETO DE MADEIRA. SEPARE-OS PARA QUE FORMEM UMA FORMA EM V INVERTIDA E COLE-OS AO LADO DA CAIXA. DEVE HAVER UM ESPAÇO DE 2 CM ENTRE O ESPETO DE MADEIRA E A PARTE SUPERIOR DA CAIXA. REPITA COM O OUTRO LADO. O CARRETEL DEVE PAIRAR SOBRE OS BURACOS RETANGULARES NA CAIXA

ETAPA 5

CORTE UM CÍRCULO DO PAPELÃO ONDULADO. PEÇA A UM ADULTO PARA AJUDÁ-LO A CORTAR O SEGUNDO ESPETO DE MADEIRA EM SEIS PEDAÇOS DE 3 CM. EMPURRE-OS PARA O LADO DO CÍRCULO DE PAPELÃO, PARA QUE PAREÇA A RODA DE UM NAVIO, E COLE-OS NO LUGAR.

ETAPA 6

Faça um buraco no centro da sua roda de papelão e empurre-a para uma extremidade da estrutura da polia que você fez na etapa 4. Coloque um pouco de cola ou massinha de modelar em ambos os lados da roda para fixá-la ao espeto.

ETAPA 7

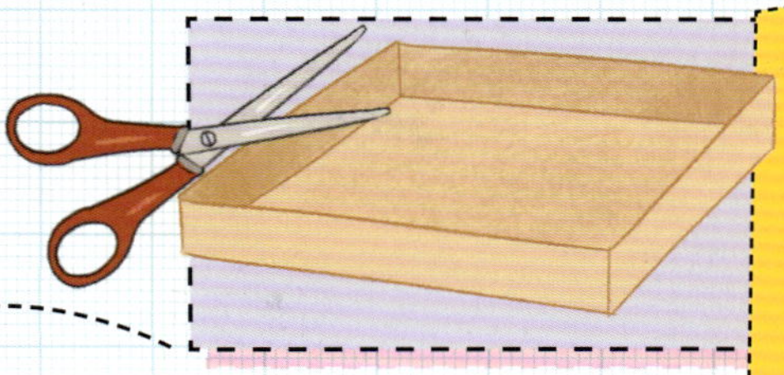

Corte o fundo da sua pequena caixa de papelão, com apenas uma pequena seção do lado, para que você tenha uma bandeja de papelão.

ETAPA 8

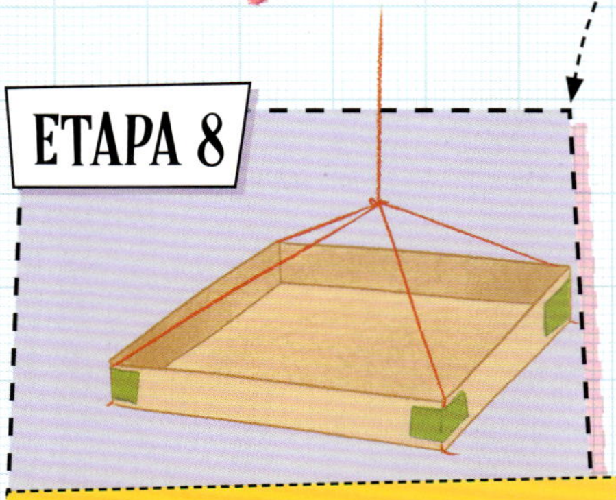

Corte quatro comprimentos de barbante de 10 cm e use fita adesiva para prender cada peça a um canto da bandeja. Amarre as outras extremidades desses barbantes na extremidade de um pedaço de barbante de 50 cm.

ETAPA 9

Cole a outra extremidade do barbante de 50 cm no carretel.

ETAPA 10

Verifique se funciona girando a roda, levantando e abaixando a bandeja. Em seguida, encha a bandeja com seus lanches favoritos e gire a roda para uma entrega rápida!

COMO FUNCIONA?

Esse tipo de máquina é chamado de guincho. Os guinchos são usados de várias maneiras, muitas vezes com um motor elétrico fazendo o trabalho duro de girar a roda. Os guinchos são usados para puxar carros quebrados para a traseira de caminhões de resgate ou para puxar barcos para fora da água.

Tenha cuidado - ao enrolar a bandeja, você está armazenando energia nessa. Se você não acredita nisso, solte o volante e veja a bandeja descer, junto com os petiscos que ainda estão a bordo!

DESAFIOS E JOGOS

DESAFIOS E JOGOS

ENGENHARIA NÃO É SÓ PRÉDIOS ALTOS, CARROS FUTURISTAS E MÓVEIS ESTRANHOS. TAMBÉM FAZ PARTE DOS QUADROS DE ESCALADA NO PARQUE LOCAL, O ESCORREGADOR MAIS POPULAR DA ESCOLA E OS JOGOS QUE VOCÊ JOGA. DE UMA MESA DE PINBALL A UM CAMPO DE BASQUETEBOL, UM GOL DE FUTEBOL A UM AVIÃO DE PAPEL, CADA SECÇÃO DE UM JOGO É CUIDADOSAMENTE DESENHADA E TESTADA POR UM ENGENHEIRO PARA GARANTIR QUE TUDO SE MOVE COMO PLANEADO. SEM A FASE DE PLANEJAMENTO VITAL, NENHUM DESTES JOGOS FUNCIONARIA.

ENROLAR, ENROLAR

Leia tudo sobre uma nova tendência de moda: móveis de jornal! Não, sério, isto tem tudo a ver com sentar em jornal velho. Parece simples, certo? ERRADO!

Você vai precisar de

- MUITO jornal
- 1 assistente
- Fita adesiva

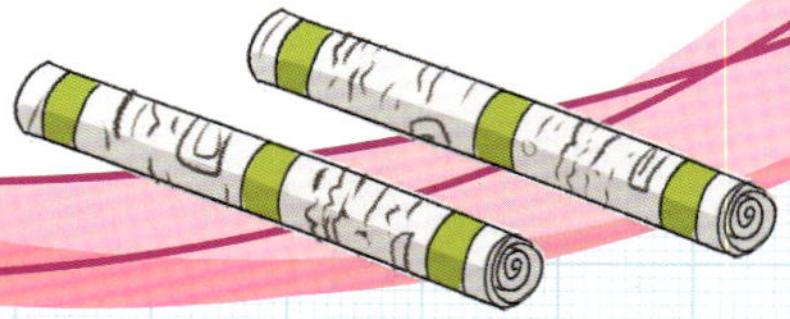

ETAPA 1

Coloque algumas folhas de jornal planas e role da borda para fazer um tubo apertado.

ETAPA 2

Tente manter o rolo o mais apertado que puder. Se achar que está muito solto, desenrole-o e comece novamente até estar feliz com esse.

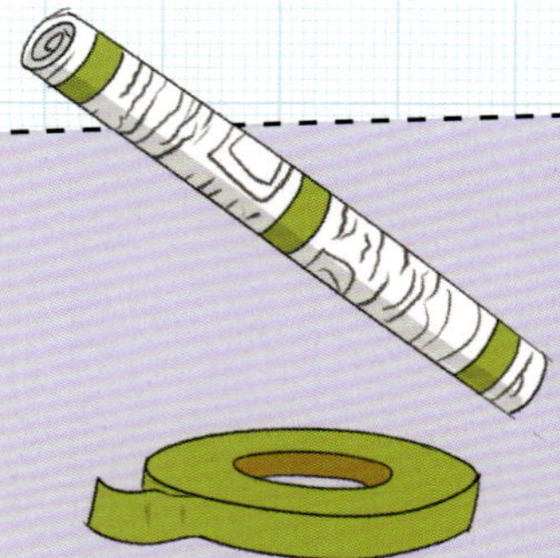

ETAPA 3

Prenda o rolo com um pouco de fita adesiva em cada extremidade (e no meio, se você estiver se sentindo covarde).

ETAPA 4

Repita as etapas 1 a 3 um ZILHÃO de vezes. Ok, não um zilhão, mas você vai precisar de um monte de rolos. Você sempre pode fazer mais à medida que avança.

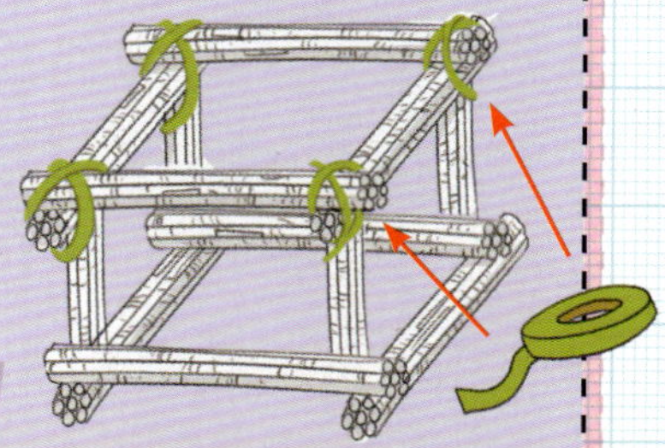

ETAPA 5

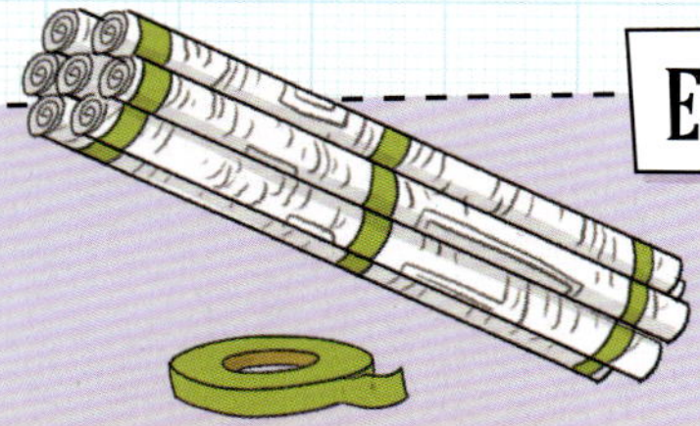

Hora de começar a construir as pernas. Colete sete rolos de jornal e cole-os no topo, no meio e na parte inferior em um grande Super Rolo. Parabéns, você fez uma perna de cadeira. Repita isto três vezes.

ETAPA 6

Agora que você tem as pernas da cadeira, vai precisar uní-las. Faça mais oito Superrrolos e comece a colá-los para que formem as bordas de um cubo. Você entre vírgulas vai precisar de alguém para ajudá-lo a manter as coisas no lugar enquanto você as cola, que é onde o seu assistente entra. Tem de ser seguro, por isso não tenha medo de usar muita fita.

ETAPA 7

O banco pode ser forte, mas se você se sentar sobre ele agora ele vai torcer e entrar em colapso. Para impedir isso de acontecer, você precisa adicionar um pouco de força. Usando Super Rolos, faça alguns suportes triangulares e cole-os nas laterais do seu cubo.

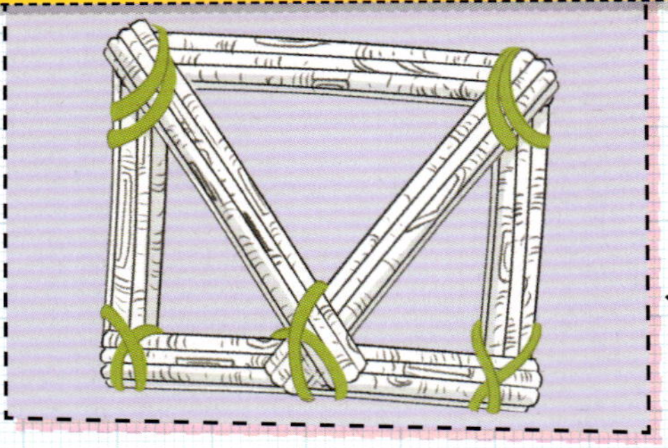

ETAPA 8

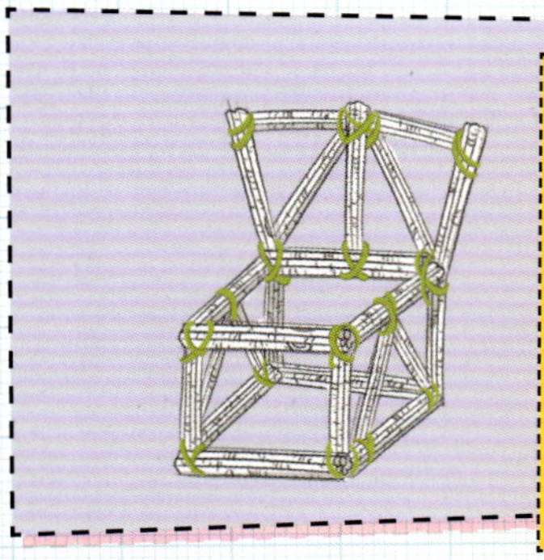

Cabe a você decidir se a sua cadeira precisa de um encosto. Se precisar, lembre-se ela não vai estar segurando muito peso, então não precisa ser tão forte quanto a base da cadeira

ETAPA 9

Depois de transformar uma pilha de jornais em arte moderna, sente-se cuidadosamente na cadeira. Se não tiver certeza de que vai aguentar, coloque umas almofadas, um cobertor, ou o teu irmão mais novo debaixo dele para amaciar a sua queda. (Brincadeira! Os irmãos mais novos não são macios o suficiente).

COMO FUNCIONA?

Os engenheiros chamam o peso que um objeto pode suportar de carga. Neste experimento, você é a carga! Algumas formas são melhores em suportar uma carga do que outras. Retângulos e quadrados são facilmente dobrados para fora da forma por uma carga pesada, mas triângulos são muito mais difíceis de quebrar. Ao ligar as articulações da sua cadeira com suportes triangulares – treliças – você adicionou força às formas quadradas. Mas como o papel frágil pode suportar o peso de uma pessoa? A resposta está nos tubos. Ao colocar muitas coisas frágeis juntas, você pode fazer uma coisa forte. Tubos de papel são muito difíceis de esmagar empurrando nas pontas. Só não tente sentar-se lateralmente!

E AGORA?

Funcionou ou a cadeira desabou quando se sentou nela? Se desabou, tente novamente e experimente com diferentes formas, como hexágonos, ou com mais Superrolos e suportes. Engenharia é tudo sobre tentativa e erro, então esta pode ser uma boa experiência para a sua futura carreira como um construtor extraordinário de parques temáticos!

TIRO AO ALVO

TAMANHO NÃO É TUDO E ESTE PEQUENO DARDO É BASTANTE FORTE. ENTÃO VISTA O SEU MELHOR EQUIPAMENTO DE SUPER-HERÓI E EMBOSQUE OS SEUS INIMIGOS*.

* PARA O BEM DESTA EXPERIÊNCIA, AS LATAS SÃO SEUS INIMIGOS. NUNCA APONTE O ARCO PARA PESSOAS, ANIMAIS OU COISAS QUEBRÁVEIS.

VOCÊ VAI PRECISAR DE

- FITA ADESIVA
- COLA
- CANUDOS
- 1 ELÁSTICO
- 18 PALITOS DE SORVETE
- TESOURAS
- CANETAS MARCADORAS
- 6 LATAS VAZIAS
- PAPEL COMUM
- POMPONS

ETAPA 1

PEÇA A UM ADULTO PARA CORTAR AS EXTREMIDADES ARREDONDADAS DE UM PALITO. EM SEGUIDA, MEÇA E CORTE O PALITO EM SETE PEDAÇOS IGUAIS. NÃO IMPORTA O TAMANHO DOS PEDAÇOS, SÓ QUE SÃO TODOS DO MESMO TAMANHO.

ETAPA 2

COLE OS SETE PEDAÇOS DE PALITO EM CIMA UM DO OUTRO PARA CRIAR UMA PILHA. REPITA COM MAIS QUATRO PALITOS.

ETAPA 3

QUANDO AS SUAS PILHAS ESTIVEREM COMPLETAMENTE SECAS, É HORA DE CONSTRUIR O SEU ARCO. COLE OS MEMBROS JUNTOS PARA QUE ELES SE PAREÇAM COM A IMAGEM. COMECE COM A PEÇA CENTRAL E MOVA PARA FORA.

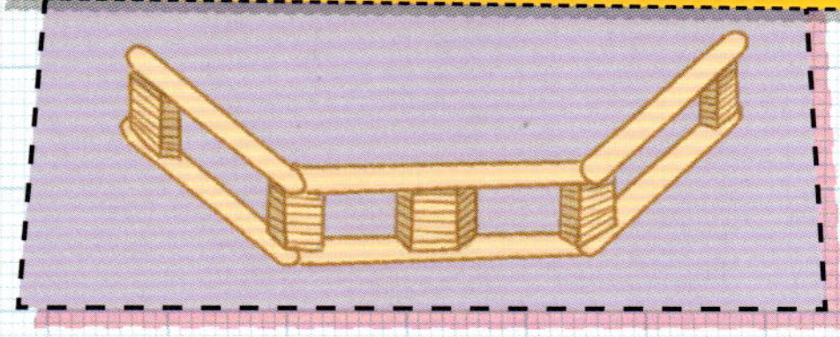

ETAPA 4

COLE MAIS TRÊS PALITOS DE CADA LADO, COMO NA FIGURA ABAIXO. ESTES IRÃO AJUDAR A REFORÇAR O SEU ARCO.

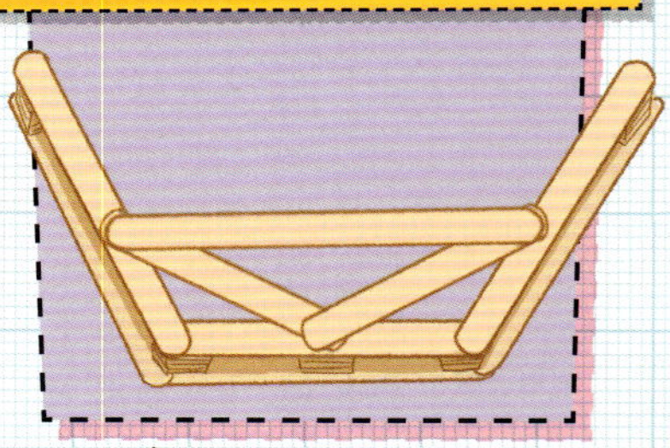

ETAPA 5

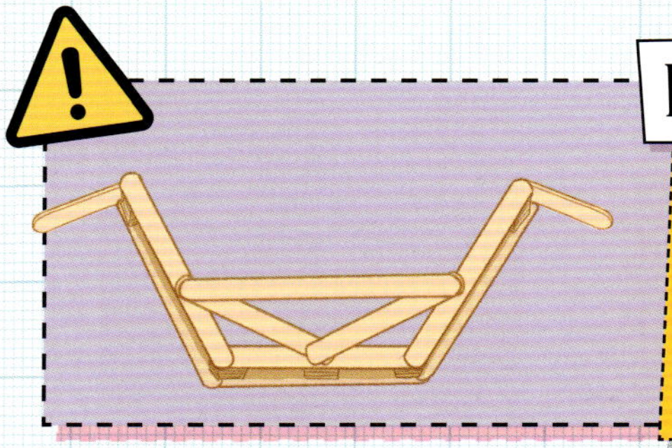

CORTE O ÚLTIMO PALITO AO MEIO E COLE OS PEDAÇOS NAS EXTREMIDADES DO LAÇO, PARA QUE ESSES GRUDEM PARA FORA.

ETAPA 6

UMA VEZ QUE AS EXTREMIDADES ESTEJAM COMPLETAMENTE SECAS, ENROLE UM ELÁSTICO AO REDOR DESSAS.

ETAPA 7

Enrole uma extremidade de cada um dos canudos com fita adesiva e cole um pompom na outra extremidade. Corte cuidadosamente os entalhes em forma de V nas extremidades opostas.

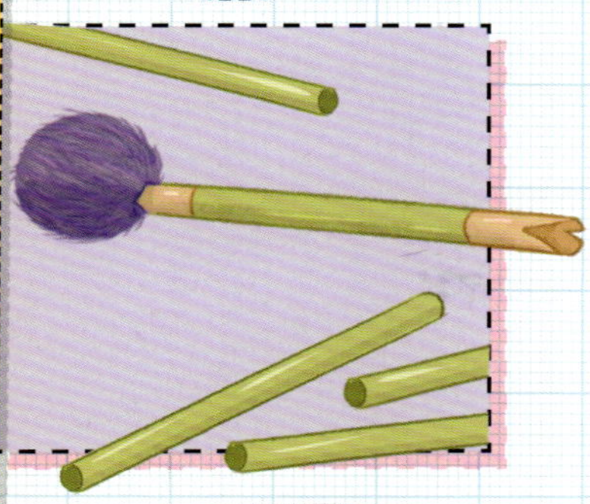

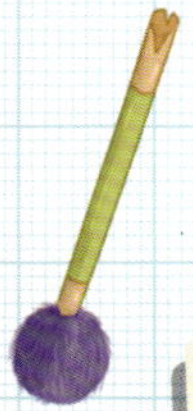

ETAPA 8

Use as canetas marcadoras para desenhar alvos em seis tiras de papel e prenda-os em torno das seis latas vazias. Estes são os nossos "inimigos".

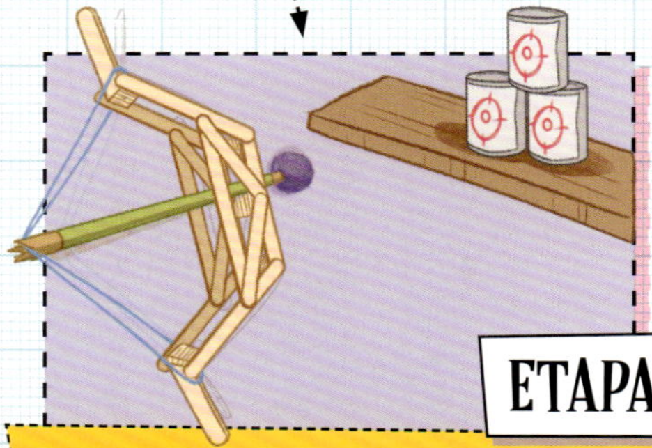

ETAPA 9

Para disparar sua flecha coloque o entalhe na flecha no meio do elástico. Segure a seta e puxe o elástico para trás até que não possa mais puxá-lo. Aponte para a sua pilha de alvos, puxe e solte!

COMO FUNCIONA?

É um fato, os triângulos são a forma mais forte. Se você pressionar com força suficiente um quadrado, ele entrará em colapso, mas a única maneira de um triângulo mudar sua forma é se ele quebrar. Os triângulos que você fez com palitos são chamados de treliças. Esses atuam como reforços, permitindo que seu arco mantenha sua forma, mesmo quando você puxa o elástico com muita força. Procure treliças triangulares em outras peças de engenharia, como pontes e guindastes.

MAGO DO PINBALL

Vamos viajar para o passado com este jogo superdivertido. O objetivo é marcar tantos pontos quanto puder, para que você se torne o campeão final de pinball.

15

VOCÊ VAI PRECISAR DE

- 1 PREGADOR DE ROUPA DE MADEIRA
- GRANDE PEDAÇO DE PAPELÃO
- 1 BOLA DE TÊNIS DE MESA
- 1 PALITO DE SORVETE
- TESOURAS
- LÁPIS
- RÉGUA
- COLA
- CANETA MARCADORA
- PAPEL COLORIDO
- FITA ADESIVA

ETAPA 1

Em um grande pedaço de papelão, use a régua e um lápis para desenhar as peças necessárias para a sua mesa de pinball. Quando tiver desenhado todas as peças de que precisa, use uma tesoura para cortá-las.

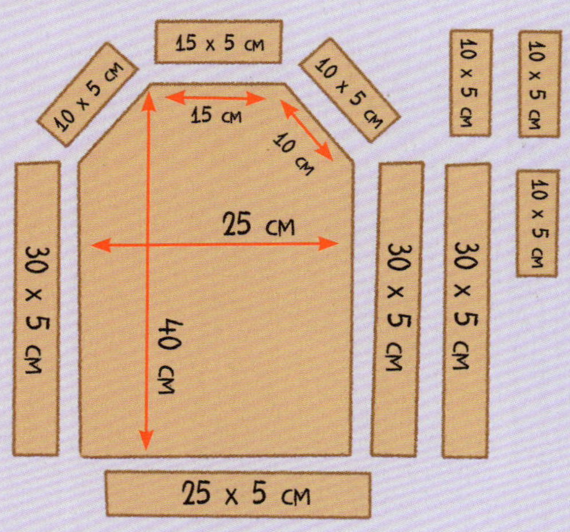

ETAPA 2

Cole as peças da moldura usando cola. Você pode adicionar um pouco de fita adesiva, também, se você quiser deixar mais forte.

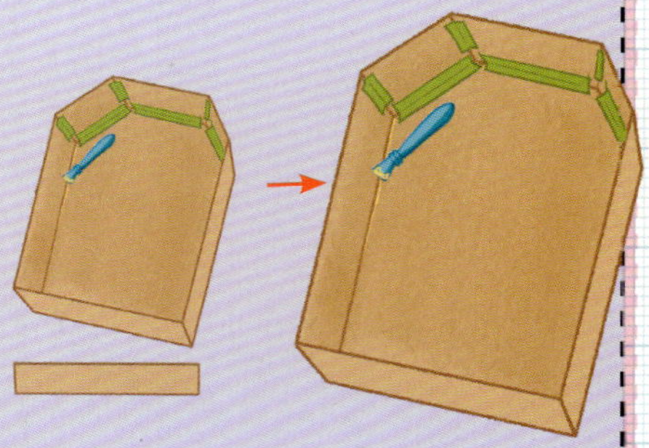

ETAPA 3

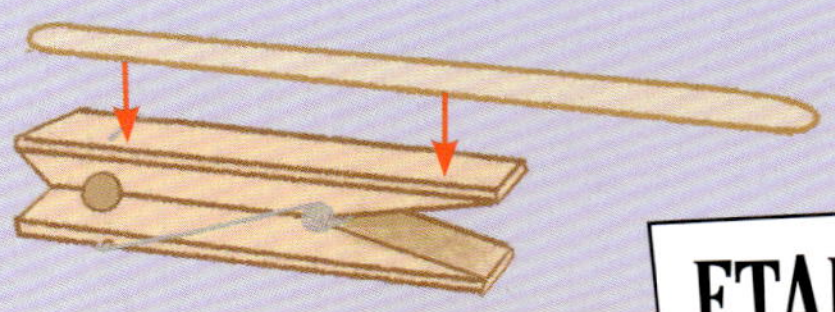

Enquanto a sua armação está secando, cole seu palito no seu pregador. A extremidade do palito deve se alinhar com a extremidade do pregador. Este é o seu lançador de bolas.

ETAPA 4

Quando tudo estiver seco, cole o lançador no canto inferior direito da moldura da mesa. Deixe um espaço de 1 cm entre a extremidade do palito e o lado direito do quadro.

ETAPA 5

Cole a borda de uma das peças de papelão de 30 cm por 5 cm que você recortou na etapa 1 em sua estrutura. Esta deve ficar 4,5 cm do lado direito do quadro e da parte inferior da tira devem ficar 1 cm acima da parte superior do lançador e devem se alinhar com a borda do pregador. Dobre o topo da tira para a esquerda ligeiramente, para que a bola possa se curvar quando for lançada.

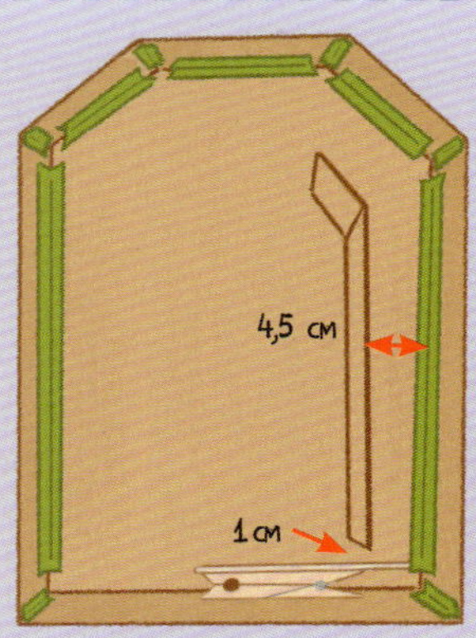

ETAPA 6

Pegue três das peças de 10 cm por 5 cm e dobre-as em semicírculos. Cole as bordas de cada um no quadro para fazer as áreas de pontuação.

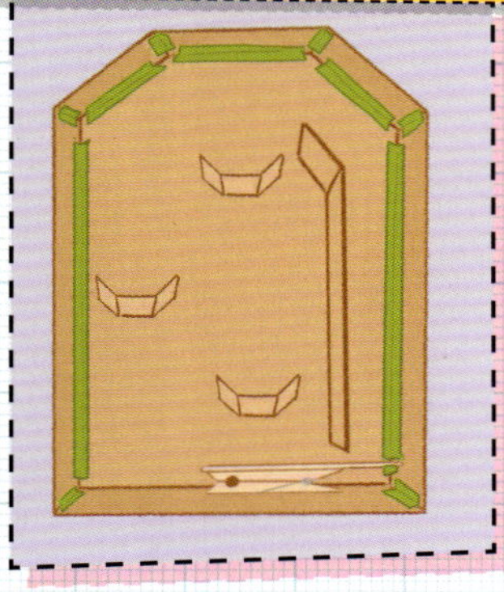

ETAPA 7

Em papel colorido, use canetas marcadoras 10 para desenhar o seu sistema de pontuação e adicionar algumas outras decorações. A 20 área de pontuação inferior é a mais difícil de alcançar, por isso deve ser o maior número de pontos.

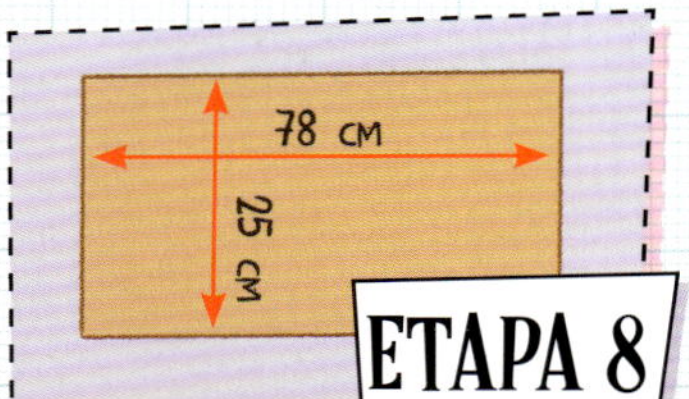

ETAPA 8

Corte outro pedaço de papelão com 78 cm de comprimento por 25 cm de largura.

ETAPA 9

Dobre a tira de papelão em forma de cunha e cole as pontas juntas.

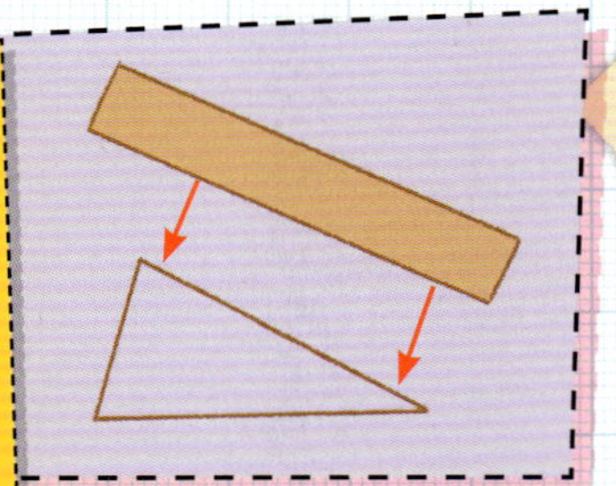

ETAPA 10

Cole a parte de trás da mesa no topo da cunha. A parte inferior da tabela deve alinhar-se com a borda inferior da cunha.

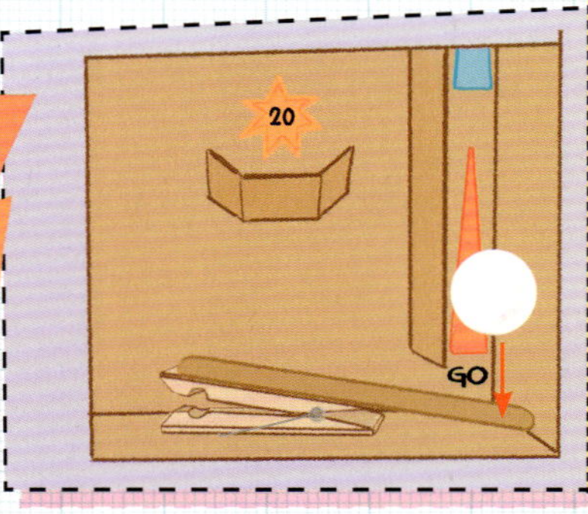

ETAPA 11

Para jogar, solte a bola no canal à direita para que se apoie no lançador. Pressione a extremidade do palito e solte-a. A bola vai disparar para cima e dispare para a área de pontuação, ganhando grandes pontos.

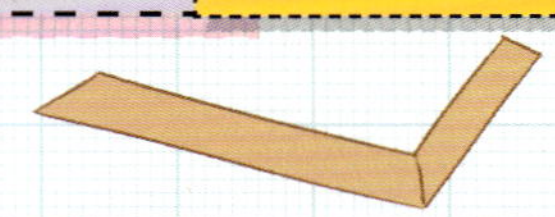

COMO FUNCIONA?

Quando você pressiona o palito de sorvete para lançar a bola, você está armazenando energia na mola. Soltar a ponta do palito de sorvete transfere toda essa energia para a bola. Ele deve viajar para o topo da mesa e depois voltar. Com habilidade, você deve ser capaz de fornecer energia suficiente para seguir um caminho até as áreas de alta pontuação.

DIVERSÃO NO FUTEBOL

Desafie os seus amigos, inimigos, até mesmo o carteiro para um jogo de futebol. Gire as hastes e chute a bola!

Você vai precisar de

- 1 caixa de papelão
- 12 pregadores de roupa
- 4 palitos de madeira compridas (10 cm mais largas que a caixa)
- 1 bola de tênis de mesa
- 4 elásticos
- Tinta
- Um pincel
- Tesouras
- Um adulto
- Régua
- Lápis

ETAPA 1

Primeiro, pinte a parte de trás e a frente dos seus pregadores de roupa para se parecerem com jogadores de futebol – seis por equipe. A extremidade do pregador de roupa é a cabeça. Pontos extras para expressões engraçadas.

ETAPA 2

Corte as abas da sua caixa de papelão. Peça a um adulto para ajudá-lo a cortar um retângulo de cada extremidade da caixa – estes são os gols.

ETAPA 3

Meça o lado da caixa. Faça quatro furos de cada lado com a ponta pontiaguda de um lápis, a uma distância igual e acerca de 7 cm do fundo da caixa.

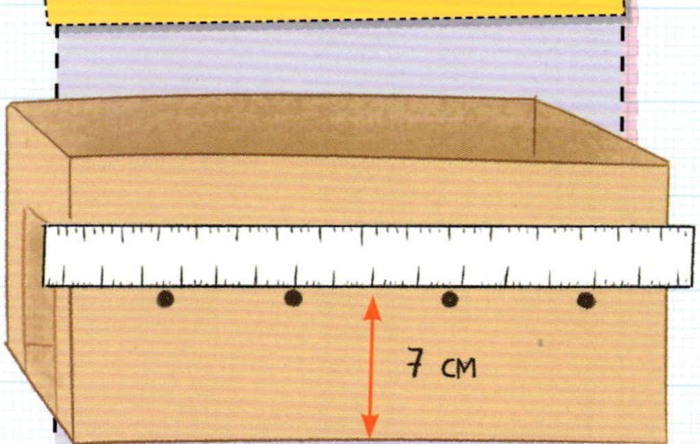

ETAPA 4

Decore o interior da sua caixa para parecer um campo de futebol. Não se esqueça de marcar o círculo central e as linhas de gol.

Como funciona?

Este jogo é sobre atrito e forças. Os jogadores de pregadores de roupas agarram as hastes por fricção. Quando os jogadores batem na bola, a força que eles dão tem que ser grande o suficiente para mandá-la para baixo da mesa, mas também na direção certa. Você tem que não apenas torcer a haste para fazer os jogadores acertarem a bola, mas também deslizar a haste para dentro e para fora para que você possa acertar a bola no lugar certo. Mova-se rapidamente, pois seu oponente está pronto para aplicar uma força na direção oposta.

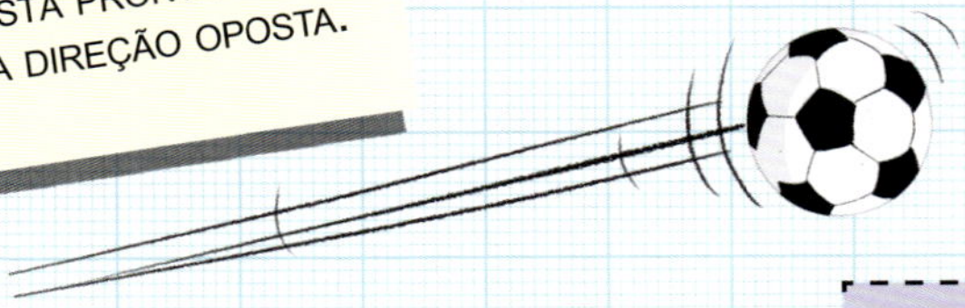

Etapa 7

Largue a bola de tênis de mesa no centro. Aguarde o apito e comece a girar

Etapa 5

Empurre os quatro palitos de madeira através dos furos e balance-os ao redor para que esses girem facilmente. Passe um elástico em torno da extremidade esquerda das hastes 1 e 3, e em torno da extremidade direita das hastes 2 e 4.

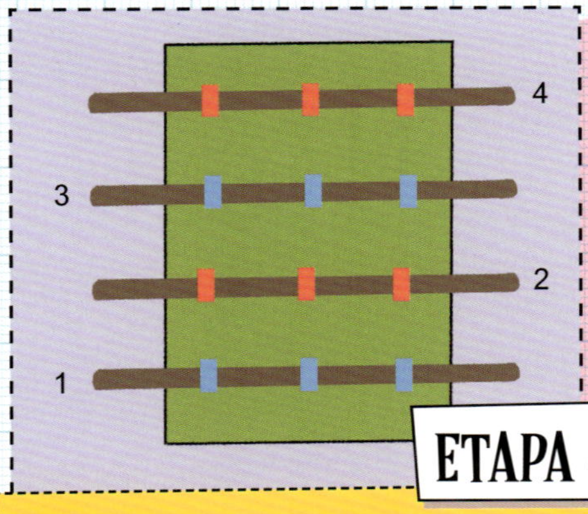

Etapa 6

Prenda três jogadores de prendedor de roupa de uma equipe para as hastes 1 e 3, e três da outra equipe para as hastes 2 e 4. Os jogadores devem segurar as hastes firmemente e não girar. Se eles girarem, tire os jogadores e cole pequenas tiras de papelão (ou feltro, se tiver algum) em torno das hastes nas quais os jogadores ficam. Uma vez seco, coloque os jogadores de volta às suas posições.

TORRES DE JUJUBA

Usando apenas palitos de dentes e jujubas, você e seus amigos podem construir uma torre de jujuba que segure o peso de um livro? O vencedor pode comer todas as jujubas!

Você vai precisar de

- muitas jujubas
- muitos palitos de madeira
- um livro grande
- cronômetro

ETAPA 1

Primeiro, decida qual será a forma da sua torre. Um de vocês poderia tentar uma base quadrada, e outro poderia usar um desenho triangular. Se houver mais de vocês, adicione mais formas: hexágonos, pentágonos ou até dodecaedros para aqueles que se sentem aventureiros (e um pouco exibicionistas, vamos ser honestos).

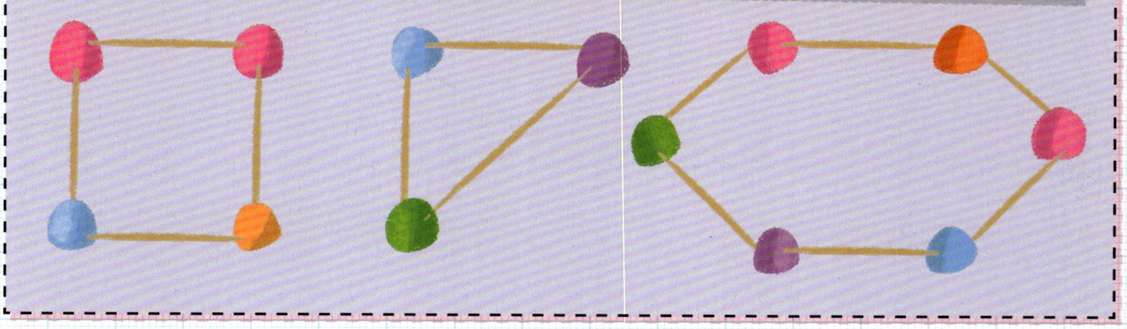

ETAPA 2

Agora comece a construir para cima. Use quantos palitos de dentes e jujubas quiser. Esta experiência tem tudo a ver com tentativa e erro. Lembre-se, isto é um teste de força, não uma corrida. Vá devagar e pense nisso. Há preciosas jujubas em jogo!

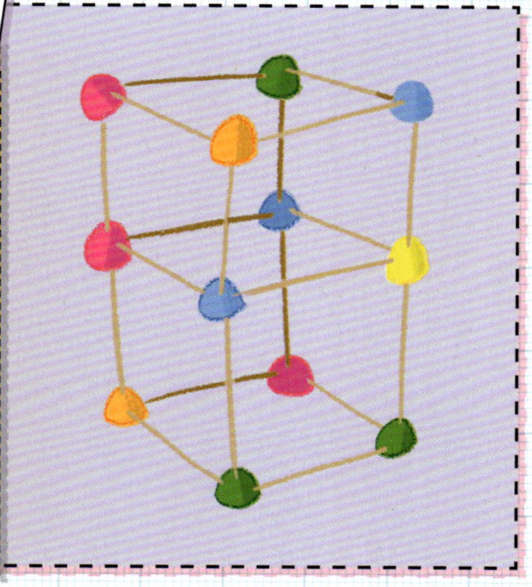

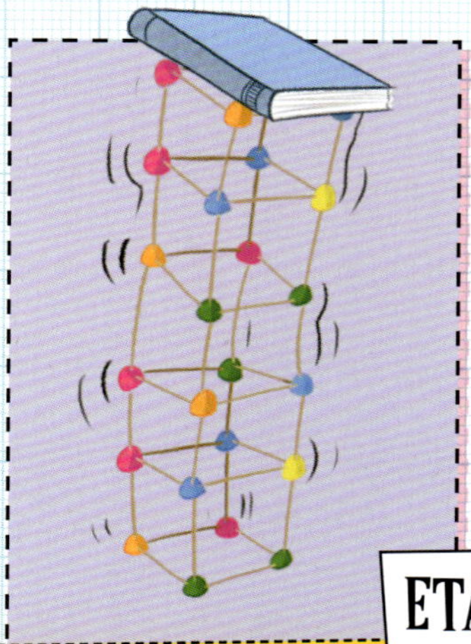

ETAPA 3

Quando a sua torre estiver tão alta quanto desejar, espere até que todos tenham terminado. Nomeie alguém para ser cronometrista e dê o cronômetro para essa pessoa. Coloque suavemente o seu livro pesado em cima de cada uma das torres, uma por uma, e veja quanto tempo essas levam para cair!

Como funciona?

Diferentes partes das torres de jujubas estão puxando ou empurrando umas às outras o tempo todo. As peças sendo puxadas estão em tensão e as peças sendo esmagadas estão em compressão. Quando os edifícios em tamanho real são projetados, os engenheiros escolhem os materiais de acordo com as forças que atuarão sobre eles. Veja do que são feitos os prédios ao redor de onde vive. Certos materiais, como tijolos, não se esmagam facilmente, por isso são bons em lidar com as forças de compressão. Outros materiais, como cabos de aço, não quebram quando são esticados e podem suportar forças de tensão. Seus palitos de madeira são fortes sob compressão e tensão.

Quando você coloca o livro no topo da sua torre de jujubas, você está aplicando uma carga na estrutura, então, ao projetá-la, há várias coisas em que pensar:

- Algumas formas são mais fortes do que outras, então pense cuidadosamente sobre qual usar.
- Algumas partes da sua estrutura podem ter mais força aplicada do que outras. Veja se consegue decidir quais são e como pode fortalecê-las.
- Colocar muitos palitos de dentes em uma junta de jujuba pode enfraquecê-la.
- Quanto mais alta for a sua estrutura, mais importante que essa se torne estável. Estruturas com bases mais largas são mais estáveis.

Faça a si mesmo estas perguntas:

- Quais formas são as mais fortes – quadrados, retângulos ou triângulos?
- Como você pode mudar a base para dar mais suporte à torre?
- Como você pode fazer as articulações fortes e capazes de suportar o peso?

BASQUETE DE CATAPULTA

CONSTRUA O SEU PRÓPRIO CAMPO DE BASQUETE E DEPOIS DESAFIE OS SEUS AMIGOS PARA UM JOGO. VAI SER UM SUCESSO!

VOCÊ VAI PRECISAR DE

- 1 CAIXA DE PAPELÃO GRANDE
- 3 COPOS DE PAPEL
- COLA
- 1 BOLA DE TÊNIS DE MESA
- 1 TAMPA DE GARRAFA DE LEITE
- 7 PALITOS DE SORVETE
- 4 ELÁSTICOS
- TINTA LARANJA
- PINCEL
- CANETAS MARCADORAS
- TESOURAS

ETAPA 1

PRIMEIRO: CORTE AS ABAS DA SUA CAIXA DE PAPELÃO. GUARDE-AS, POIS PRECISARÁ DELAS PARA AS PRÓXIMAS ETAPAS.

ETAPA 2

DESENHE UM RETÂNGULO EM CADA UMA DAS ABAS QUE CORTAR. USANDO CANETAS MARCADORAS, DECORE-AS PARA PARECEREM TABELAS DE BASQUETE. ESCREVA OS SEGUINTES NÚMEROS NAS TABELAS: 15, 25 E 50. ESTES SÃO OS SEUS PONTOS.

ETAPA 3

COM CUIDADO (E PERGUNTE A UM ADULTO SE PRECISAR DE AJUDA) CORTE OS LADOS DA CAIXA, PARA QUE SE PAREÇAM COM A QUADRA DE BASQUETE VISTA DE CIMA.

ETAPA 4

CORTE OS AROS E OS FUNDOS DOS SEUS TRÊS COPOS DE PAPEL PARA FAZER CESTAS.

ETAPA 5

COLE AS REDES NAS TABELAS. EM SEGUIDA, COLE AS TABELAS NA PAREDE TRASEIRA DA QUADRA.

ETAPA 6

DECORE SUA QUADRA COMO QUISER. CENTENAS DE FÃS GRITANDO EM TORNO DA QUADRA É SEMPRE UM TOQUE AGRADÁVEL.

ETAPA 7

Usando a tinta laranja, decore a sua bola de tênis de mesa e use uma caneta marcadora para adicionar as linhas pretas para fazer parecer uma bola de basquete.

ETAPA 8

Empilhe cinco palitos e enrole um elástico em cada extremidade.

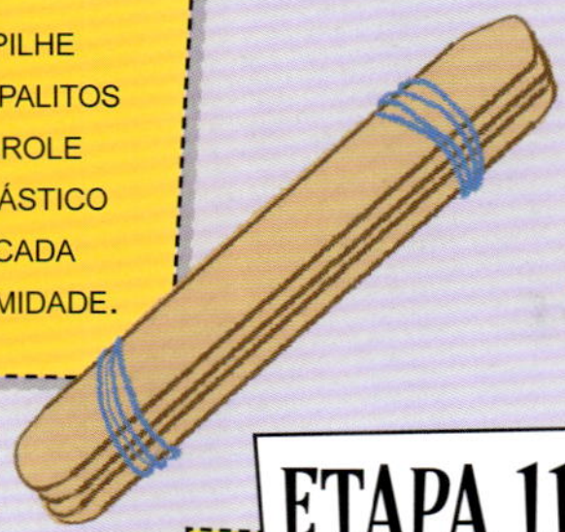

ETAPA 9

Coloque os outros dois palitos juntos e enrole um elástico em torno de uma extremidade.

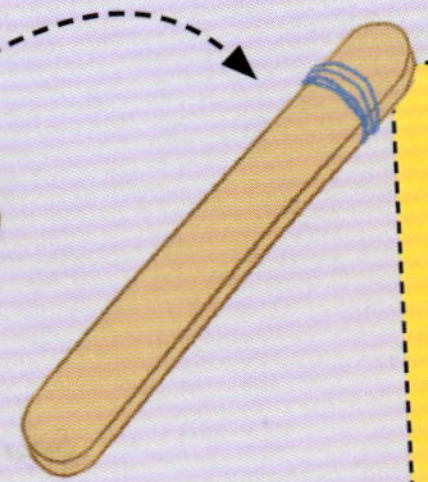

ETAPA 10

Puxe os dois espetos da etapa 9 e empurre a pilha de cinco espetos entre esses.

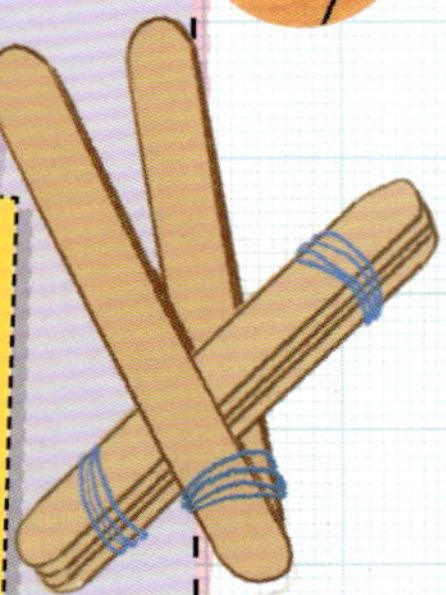

ETAPA 11

Enrole um elástico em volta de todos os palitos para manter a catapulta unida.

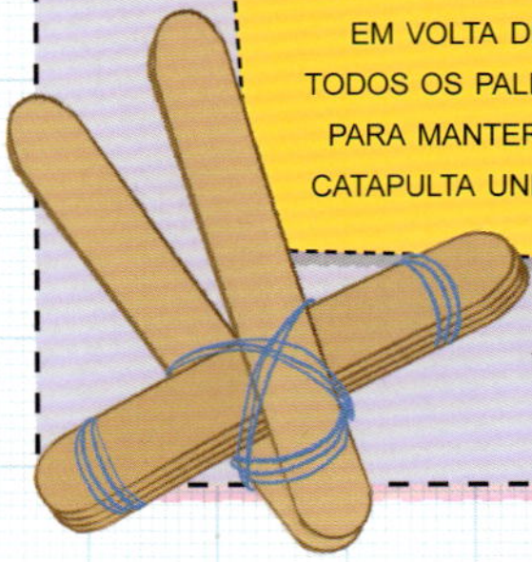

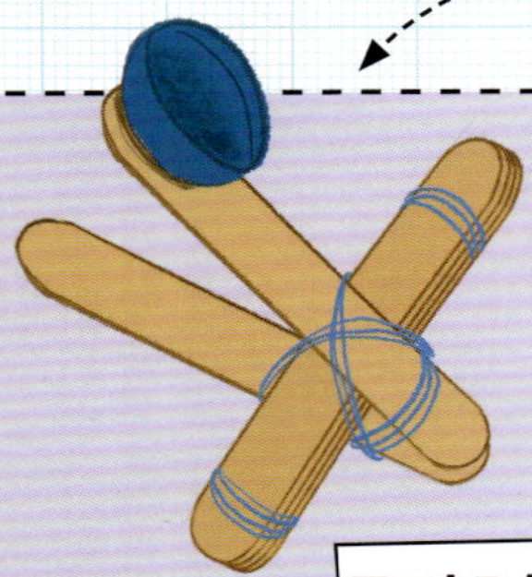

ETAPA 12

Cole a tampa da garrafa de leite (ou outra tampa grande de bebidas de plástico) na extremidade de um palito.

ETAPA 13

Teste a sua catapulta usando a bola de basquete para ter uma ideia aproximada de quão longe a bola vai voar. Quando descobrir até onde vai, posicione o campo de basquete a essa distância. Empurre no topo do palito e jogue a bola!

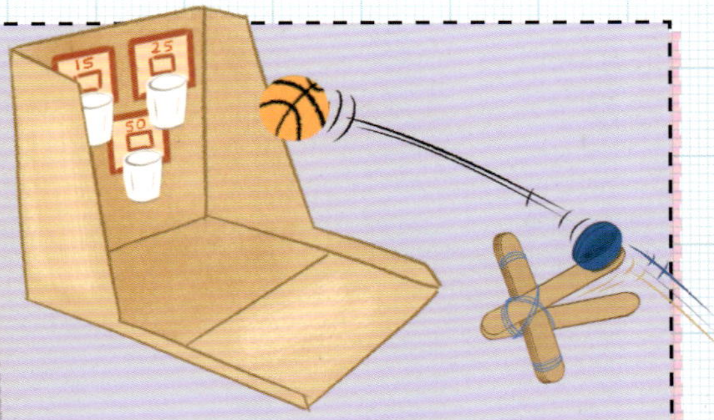

COMO FUNCIONA?

Quando você empurra o braço da catapulta para baixo, a energia é armazenada nos elásticos e, quando você a solta, é liberada e transferida para a bola, lançando-a no ar. Quanto mais você empurra para baixo, mais energia é armazenada nos elásticos e mais longe sua bola voará. Como engenheiro, você precisa encontrar a força certa para enterrar todas as vezes.

CORRIDA DA BAGUNÇA

NÃO SE ESQUEÇA DE LEVAR **LÁ PARA FORA!**
VAI SER UMA BAGUNÇA.

VOCÊ VAI PRECISAR DE

- GARRAFA DE PLÁSTICO COM TAMPA (UMA GARRAFA QUADRADA É MELHOR)
- 1 CANUDO DE PLÁSTICO
- 2 ESPETOS DE MADEIRA
- TESOURAS
- BICARBONATO DE SÓDIO
- COLHER DE SOPA
- UM ADULTO COM UM MARTELO E UM PREGO
- 275 ML DE VINAGRE
- 4 TAMPAS DE GARRAFAS PLÁSTICAS
- 8 ARRUELAS DE METAL
- MASSA DE MODELAR
- FITA ADESIVA
- LENÇO DE PAPEL

ETAPA 1

PEÇA A UM ADULTO PARA USAR O MARTELO E O PREGO PARA FAZER UM BURACO NO MEIO DE CADA TAMPA, INCLUINDO O DA GARRAFA DE PLÁSTICO (UMA VEZ FEITO, COLOQUE ESSA ÚLTIMA TAMPA DE LADO).

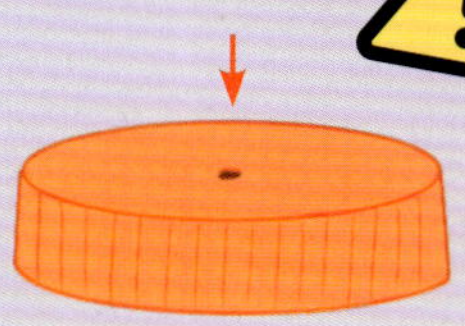

ETAPA 2

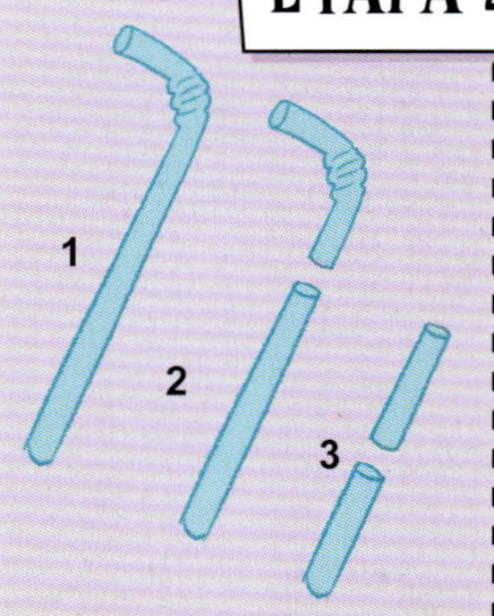

SE HOUVER UM POUCO DE CURVATURA NO SEU CANUDO, CORTE. EM SEGUIDA, CORTE A PARTE MAIS LONGA AO MEIO.

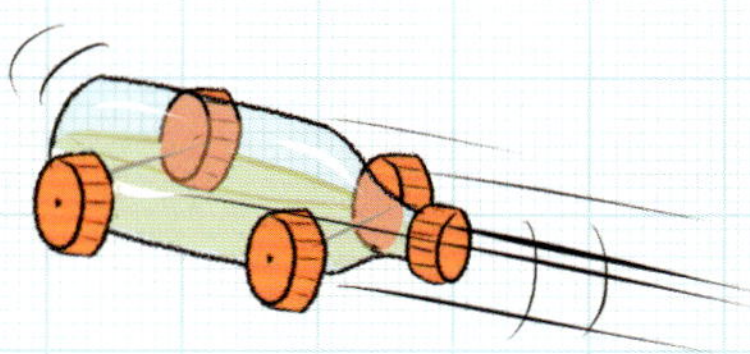

ETAPA 3

USE UMA TESOURA PARA CORTAR OS PALITOS DE MADEIRA EM DOIS PEDAÇOS, CADA UM COM 3 CM DE COMPRIMENTO.

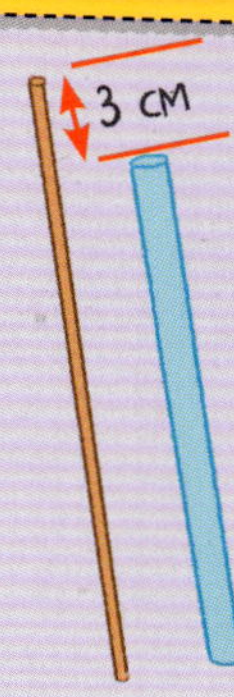

ETAPA 4

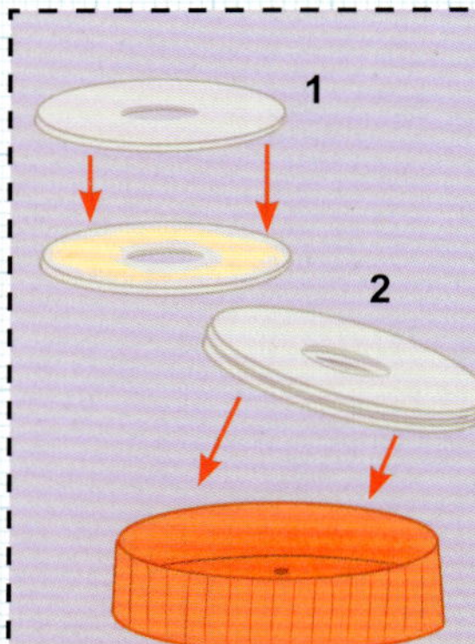

COLE DUAS ARRUELAS DE METAL JUNTAS E, EM SEGUIDA, COLE-AS DENTRO DA TAMPA DO FRASCO, PARA QUE TODOS OS FUROS SE ALINHEM. REPITA COM AS OUTRAS ARRUELAS E TAMPAS.

ETAPA 5

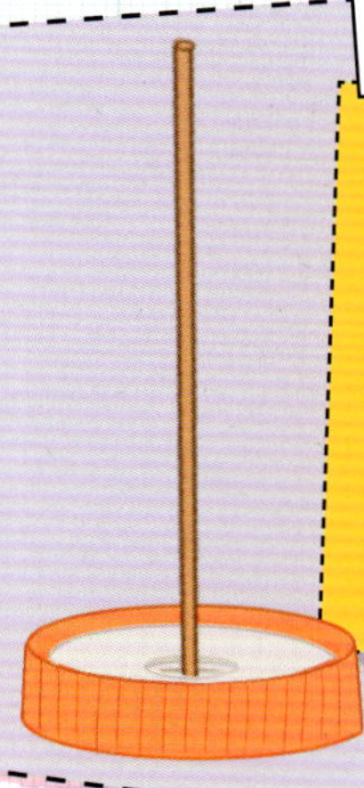

COLOQUE UMA BOLA DE MASSINHA DE MODELAR NO MEIO DAS ARRUELAS E INSIRA UMA EXTREMIDADE DE UM ESPETO DE MADEIRA PARA QUE FIQUE EM PÉ NA EXTREMIDADE. REPITA COM OUTRA TAMPA E ESPETO.

ETAPA 6

DELIZE UM DOS PEDAÇOS DE CANUDO SOBRE OS ESPETOS. USE MAIS ALGUMAS BOLAS DE MASSINHA DE MODELAR PARA SEGURAR A OUTRA EXTREMIDADE DOS ESPETOS DENTRO DAS TAMPAS. ESTES SÃO OS SEUS EIXOS.

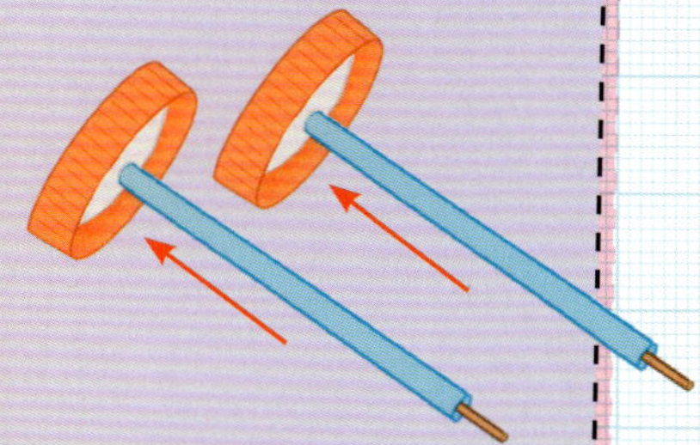

ETAPA 7

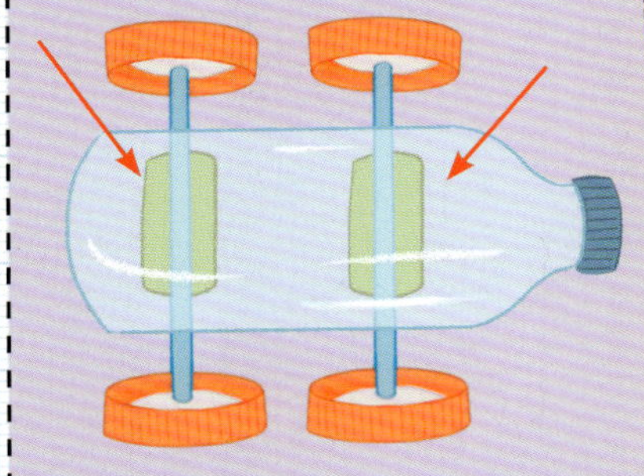

Use massinha de modelar para prender uma roda à outra extremidade de cada eixo. Em seguida, use um pedaço de fita adesiva para colar os dois eixos a um lado da garrafa. A tampa da garrafa é a parte de trás do carro.

ETAPA 8

Vá para fora, abra o frasco e despeje 275 ml de vinagre no frasco.

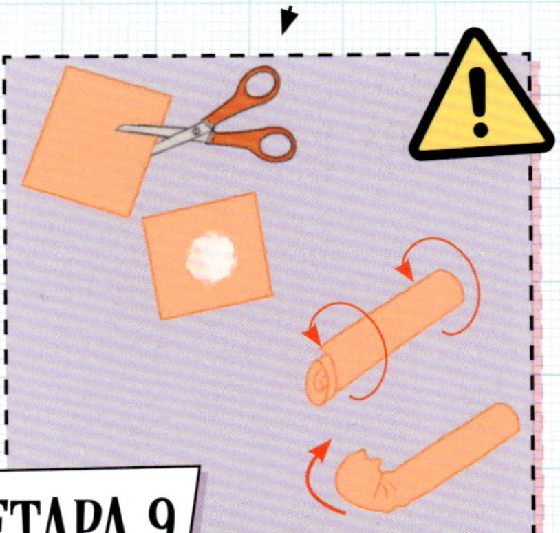

ETAPA 9

Corte um retângulo de 13 cm por 10 cm de papel de seda e despeje uma colher de sopa de bicarbonato de sódio. Enrole e dobre as extremidades para que o bicarbonato de sódio não caia.

ETAPA 10

Coloque o frasco na posição vertical, insira a embalagem de bicarbonato de sódio no frasco e feche RAPIDAMENTE a tampa. Chacoalhe a garrafa. Coloque as rodas do carro no chão e solte!

E AGORA?

Você poderia realizar uma experiência para encontrar a melhor proporção de vinagre para bicarbonato de sódio. Meça a distância, o tempo e a direção que percorre cada vez.

COMO FUNCIONA?

O vinagre é um ácido. O bicarbonato de sódio é um tipo de produto químico chamado base. Quando esses se misturam há uma reação vigorosa (você pode ver muitas bolhas e efervescência) e um dos produtos químicos formados é outro ácido chamado ácido carbônico, que é usado em refrigerantes. O ácido carbônico libera um gás chamado dióxido de carbono (CO_2). A pressão dentro da garrafa se acumula a partir do CO_2 e empurra o interior da garrafa em todas as direções. Todas essas forças se anulariam, mas o buraco na tampa da garrafa permite que o gás escape pela parte de trás do carro. Não há nada para anular a força no interior da frente da garrafa, então o carro avança.

PROJETOS GRANDES

PROJETOS GRANDES

Se você quiser fazer algo ousado, bonito e GRANDE, então essas experiências são perfeitas para você. Essas exigem todas as habilidades de um engenheiro: planejamento, paciência, precisão e assistentes para segurar as coisas e fazer lanches para você.

MONTANHA-RUSSA

Dê a uma bola de tênis de mesa a maior emoção da sua pequena e chata vida, enviando-a em alta velocidade em torno de uma montanha-russa que você mesmo vai inventar.

Você vai precisar de

- lápis
- papel
- régua
- 1 caixa de papelão grande
- muitos canudos
- tesouras
- cola
- 1 bola de tênis de mesa
- 1 tigela de papel
- fita adesiva

Planejamento

Etapa 1

Antes de começar a construir, pegue seu lápis e papel e esboce algumas ideias de como quer que a sua montanha-russa fique. Todos os bons engenheiros planejam primeiro!

Construção dos trilhos

Etapa 2

Cole a sua caixa de papelão fechada e sele todas as bordas com fita adesiva.

Etapa 3

Agora está pronto para construir. Você deve começar a partir do final e trabalhar ao contrário, para facilitar as coisas. Coloque a sua tigela de papel onde quiser que a sua montanha-russa termine e cole-a no lugar.

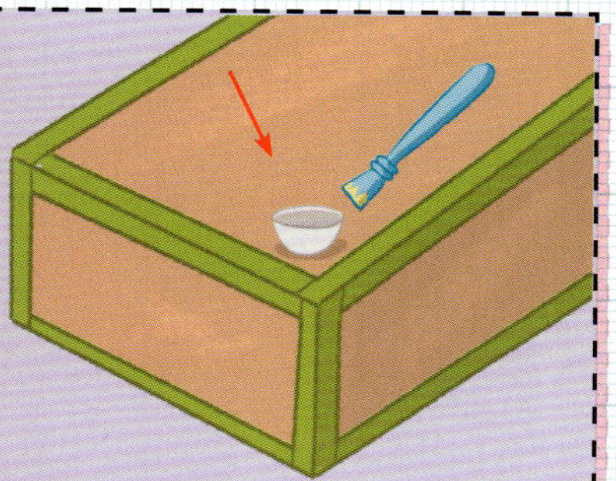

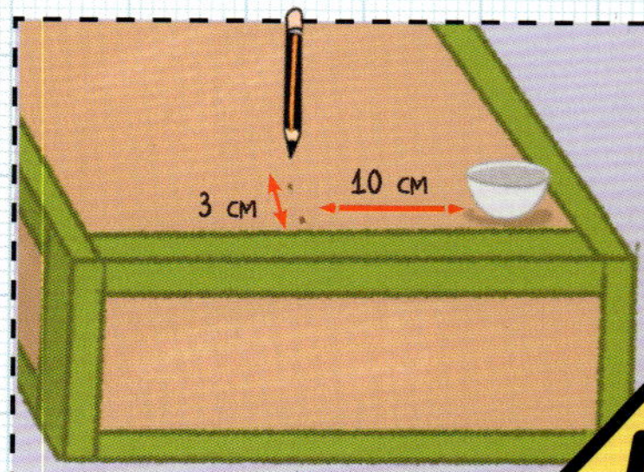

Etapa 4

Usando a ponta do seu lápis, faça cuidadosamente dois buracos na caixa, a 3 cm de distância e a 10 cm da tigela de papel.

ETAPA 5

Empurre cuidadosamente um canudo em cada buraco. Fixe-os no lugar, enrolando uma fita adesiva em torno dos fundos, colando-os na caixa. Usando uma tesoura, corte os canudos para que sejam 5 cm mais altos do que a sua tigela. Não jogue fora os pedaços de canudo cortados!

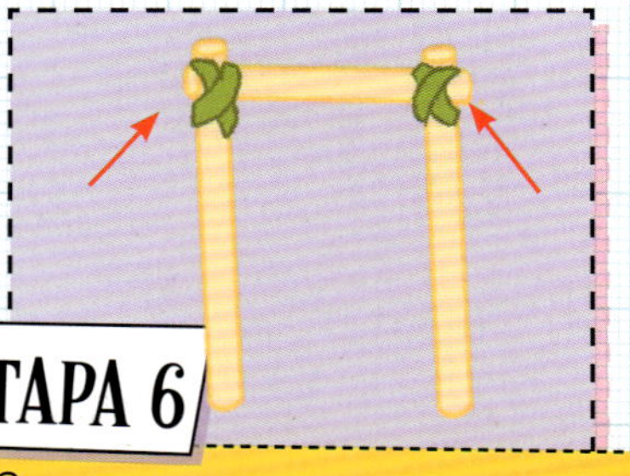

ETAPA 6

Corte um pedaço de canudo para fazer uma peça de 3 cm. Cole isso no lugar logo abaixo da parte superior dos seus dois canudos verticais, para que ele os una. Você construiu o seu primeiro suporte de trilho!

ETAPA 7

Para construir o trilho, use dois canudos. Certifique-se de que uma extremidade de cada canudo se sobrepõe à borda da tigela, cole as outras extremidades no suporte horizontal que você adicionou na etapa 6. Esta é a sua primeira peça de trilho. Muito bem!

ETAPA 8

Engenharia é tentativa e erro, então você tem que testar seus trilhos. Ponha a bola no topo do trilho e a solte. Ela deve rolar diretamente para a sua tigela.

PRÓXIMAS ETAPAS

À medida que você constrói, os trilhos precisam ficar cada vez mais altos para que a gravidade puxe a bola para baixo. Você pode colar os canudos para construir suportes de trilho mais altos, mas quanto mais alta a montanha-russa ficar, mais instável essa se tornará. Continue a usar o seu plano para orientação e teste cada peça à medida que avança, para que possa detetar quaisquer problemas antes de terminar tudo.

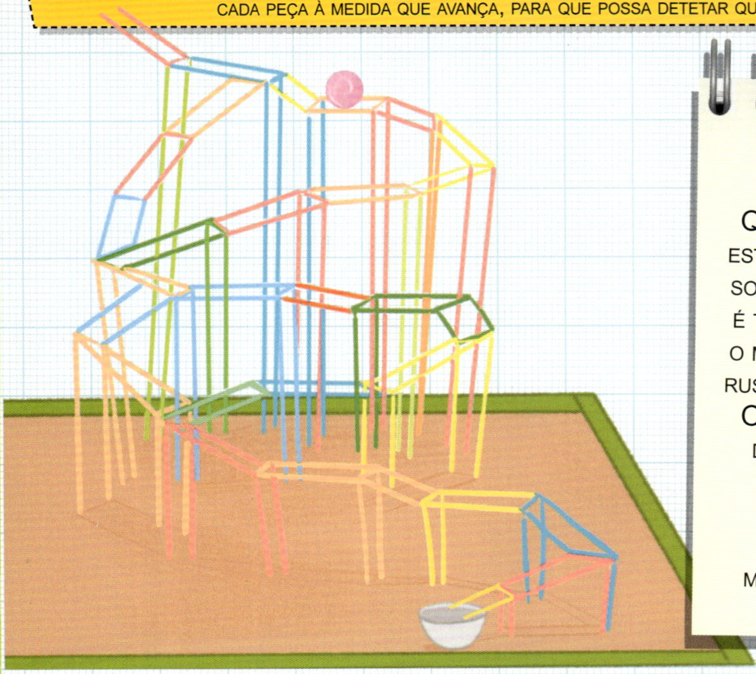

COMO FUNCIONA?

Quando você levanta a bola no início da corrida, está transferindo energia para essa. Quando você solta a bola e essa inicia sua descida, essa energia é transferida para o movimento. Quanto mais alto o movimento começa mais energia tem. Montanhas-russas de tamanho normal também funcionam assim. O trem é puxado por um motor elétrico e então desce, de volta ao início. Quanto mais íngreme a pista, mais rápido o trem – ou a bola – irá. Um grande percurso tem alguma velocidade, mas também dura vários minutos. Você pode manter sua bola em movimento por mais tempo?

MÃO GIGANTE

DÊ JOINHA PARA SI MESMO E DÊ TCHAU PARA O TÉDIO COM ESSA MÃO ROBÓTICA GIGANTE.

VOCÊ VAI PRECISAR DE

- 5 TUBOS DE PAPEL TOALHA
- 1 CAIXA DE CEREAL GRANDE
- 5 PEDAÇOS DE BARBANTE (60 CM CADA)
- FITA ADESIVA
- 1 LUVA VELHA
- 7 CLIPES DE PAPEL
- 1 PINO DE PRESSÃO
- COLA
- LÁPIS
- TESOURAS
- UM ADULTO

ETAPA 1

COM UM LÁPIS, DESENHE "JUNTAS" EM FORMA DE DIAMANTE UNIFORMEMENTE COLOCADAS EM TODOS OS CINCO TUBOS, DEIXANDO UM POUCO DE ESPAÇO EXTRA NA PARTE INFERIOR. DEVE HAVER QUATRO TUBOS DE DEDO COM TRÊS ARTICULAÇÕES E UM TUBO DE POLEGAR COM DOIS.

ETAPA 2

CORTE AS FORMAS DE DIAMANTE EM TODOS OS CINCO TUBOS.

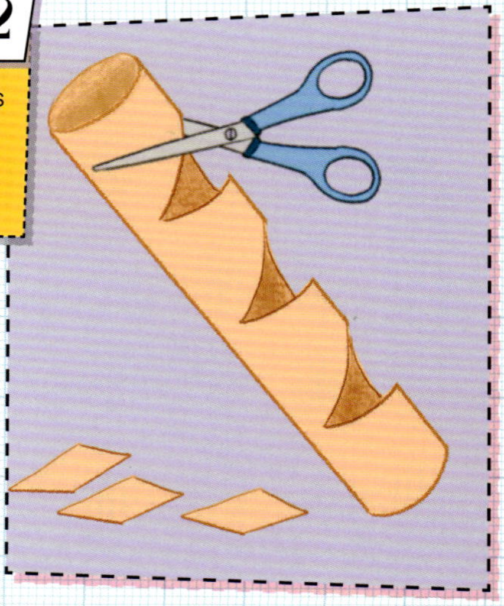

ETAPA 3

CORTE AS FENDAS DE 1 CM UNIFORMEMENTE AO REDOR DA PARTE INFERIOR DOS CINCO TUBOS. DOBRE AS ABAS PARA FORA.

ETAPA 4

SEGURE O TUBO DO POLEGAR CONTRA O LADO DA CAIXA DE CEREAIS EM ÂNGULO (COMO O SEU POLEGAR REAL). USE UM LÁPIS PARA MARCAR O ÂNGULO NO TUBO E DEPOIS CORTE AO LONGO DESSA LINHA.

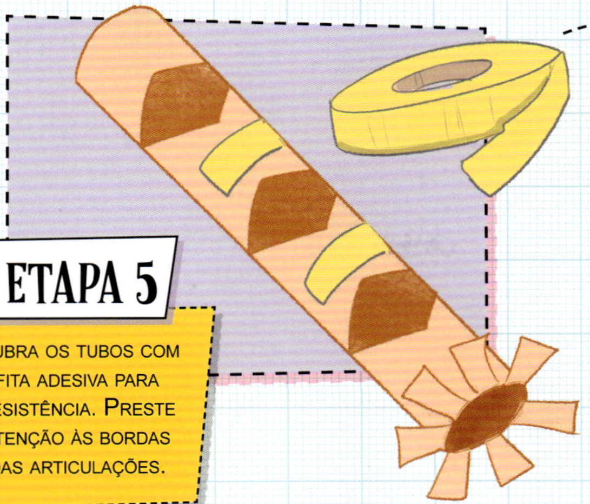

ETAPA 5

Cubra os tubos com fita adesiva para resistência. Preste atenção às bordas das articulações.

ETAPA 6

Faça um furo na parte superior de cada tubo, no lado oposto das articulações, usando uma tachinha. Mexa-o para que o buraco seja grande o suficiente para que um clipe de papel caiba.

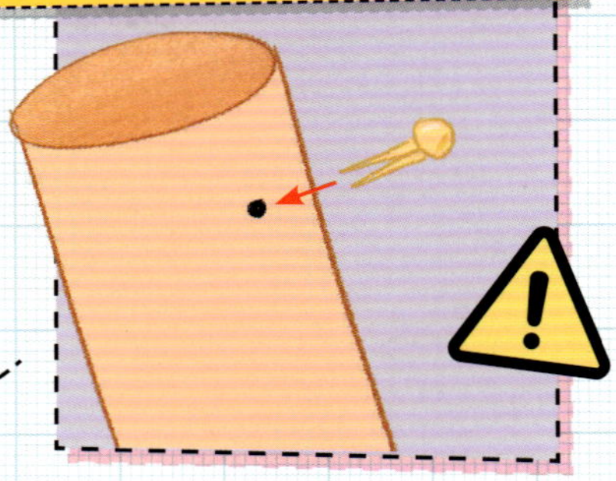

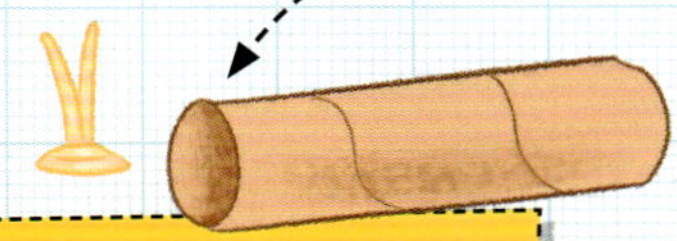

ETAPA 7

Corte as abas da parte superior da caixa de cereais. Corte um grande retângulo da frente, como abaixo. Guarde a peça que recortou para mais tarde.

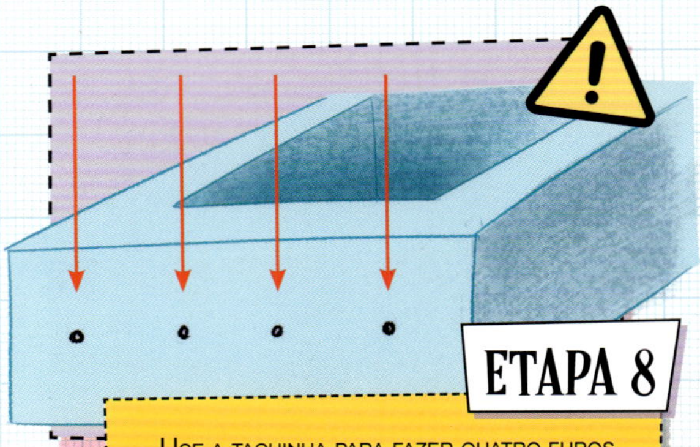

ETAPA 8

Use a tachinha para fazer quatro furos uniformemente espaçados na extremidade fechada da caixa. Faça outro buraco no lado onde vai colocar o polegar.

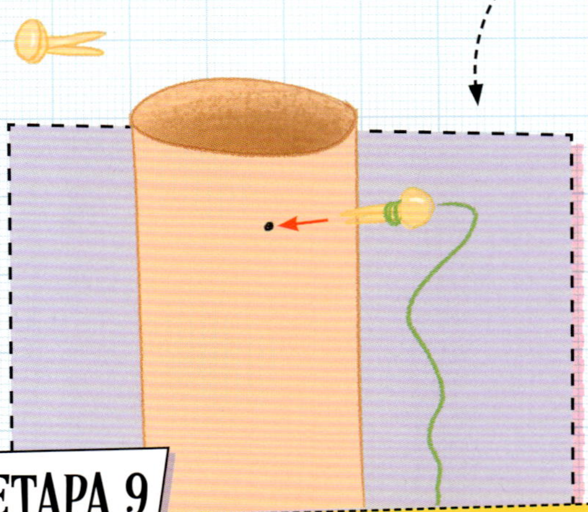

ETAPA 9

Amarre um pedaço de barbante de 60 cm na extremidade de um clipe de papel. Empurre o clipe, com o barbante, através de um dos furos que você fez na etapa 6. Abra as extremidades do clipe para segurar o barbante no lugar.

ETAPA 10

Solte o barbante através do tubo para que esse saia na extremidade com abas.

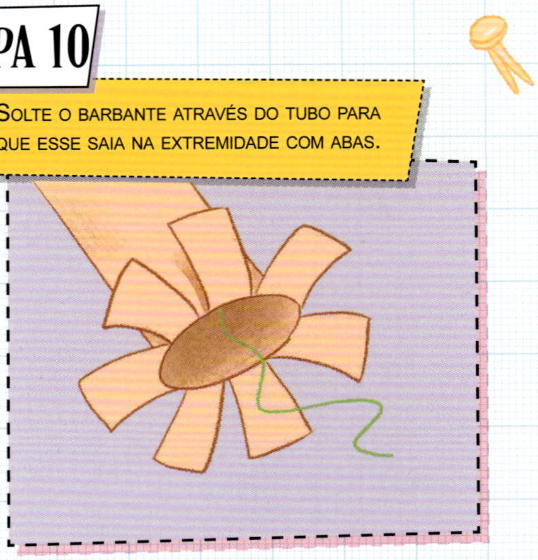

CONTINUE

ETAPA 11

Use um lápis para empurrar a extremidade do barbante presa ao tubo através de um dos buracos na parte inferior da caixa de cereais. Não se preocupe se o buraco ficar maior.

ETAPA 12

Usando a cola, cole as abas na extremidade do tubo até a caixa de cereais. O tubo deve ficar sobre o buraco. Repita as etapas 9 a 12 com os outros três furos para os dedos e o polegar.

ETAPA 13

Coloque a luva dentro da caixa. Um por um, puxe cada barbante com força e peça a um adulto para ajudar a colar ou amarrar na ponta do dedo de forma apropriada.

ETAPA 14

Corte uma tira de 5 cm de largura do pedaço de cartão que você colocou de lado na etapa 7. O comprimento deve ter a mesma largura da sua caixa de cereais. Esta é a alça.

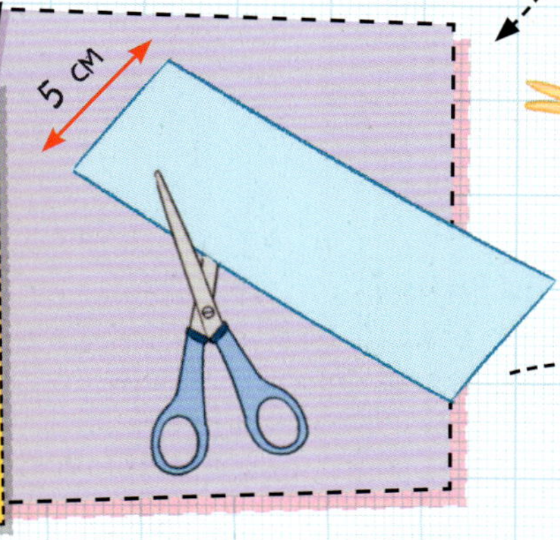

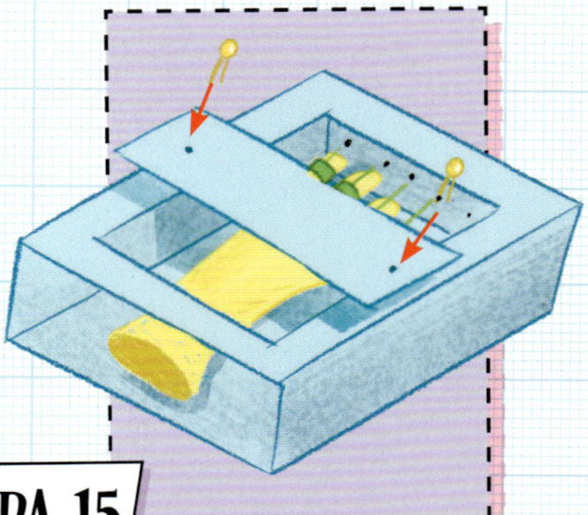

ETAPA 15

Faça furos em ambos os lados do retângulo na frente da caixa. Prenda a alça com clipes de papel. Se puder, peça a um adulto para colar a parte de trás da luva no interior da alça.

ETAPA 16

AGORA PONHA A MÃO NA LUVA E TENTE DOBRAR OS DEDOS. VOCÊ PODE AJUSTAR A TENSÃO DO BARBANTE APERTANDO OU AFROUXANDO OS BARBANTES NOS CLIPES DE PAPEL. OS DEDOS PODEM SER UM POUCO RÍGIDOS NO INÍCIO, MAS AO USÁ-LOS, AS ARTICULAÇÕES VÃO DOBRAR MAIS FACILMENTE. SE OS DEDOS AINDA NÃO DOBRAREM CORRETAMENTE NAS ARTICULAÇÕES, TENTE FAZER OS CORTES EM FORMA DE DIAMANTE UM POUCO MAIS PROFUNDOS.

COMO FUNCIONA?

ÀS VEZES, OS ENGENHEIROS BASEIAM SEUS PROJETOS EM COISAS ENCONTRADAS NA NATUREZA, COMO SUA MÃO. ISSO É CHAMADO DE BIOMIMÉTICA. OS BARBANTES DESTA MÃO ROBÓTICA, POR EXEMPLO, IMITAM OS TENDÕES ENCONTRADOS EM SUA MÃO REAL. SEUS MÚSCULOS SÃO UNIDOS AOS SEUS OSSOS POR FIBRAS FIBROSAS CHAMADAS TENDÕES. QUANDO SEUS MÚSCULOS SE CONTRAEM (APERTAM), ESSES PUXAM OS TENDÕES, QUE PUXAM OS OSSOS, DOBRANDO OS DEDOS. SUA MÃO ROBÓTICA FUNCIONA DA MESMA FORMA, COM O BARBANTE COMO TENDÕES E OS TUBOS DE PAPELÃO COMO OSSOS.

Aumente a música!

O que foi aquilo? Quer fazer um alto-falante muito legal de papelão para se exibir para os seus amigos na próxima vez que eles vierem para uma festa? Tudo bem, não precisa gritar...

Você vai precisar de

- Muito papelão
- Tesouras
- Fita adesiva
- 1 smartphone
- Lápis
- Régua
- Cola
- Toneladas de paciência
- Um ajudante

Etapa 1

Use um lápis e uma régua para desenhar todas as peças necessárias para esta experiência em pedaços de papelão. Corte-os e coloque-os de lado.

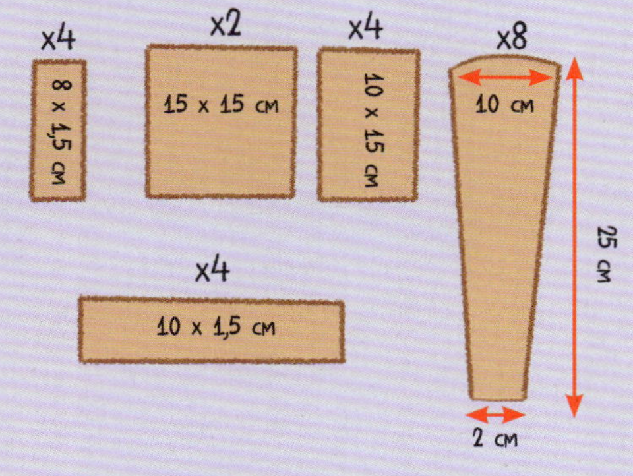

Etapa 2

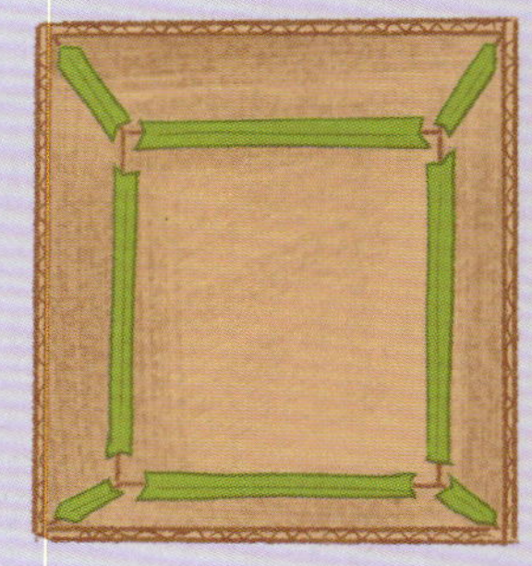

Pegue um dos quadrados de 15 cm por 15 cm e todos os quatro dos retângulos de 15 cm por 10 cm. Cole-os juntos para fazer uma caixa aberta.

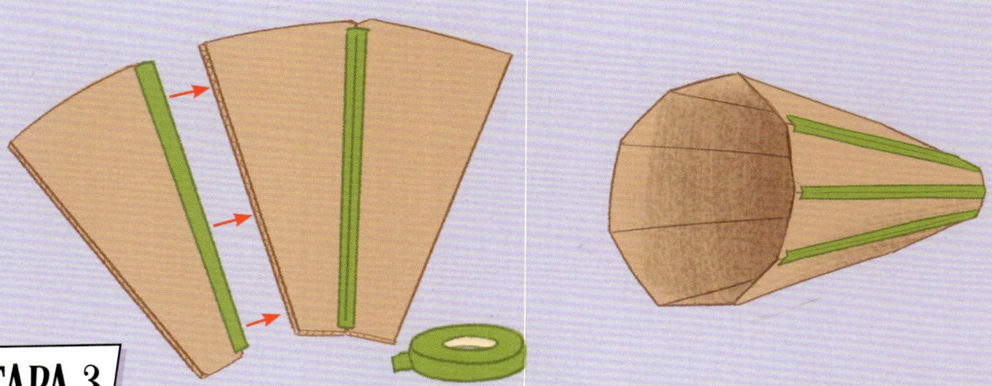

Etapa 3

Aqui é onde você vai precisar de um pouco de paciência e, provavelmente, o seu ajudante para ajudar a segurar as coisas. Pegue todas as oito peças em forma de funil e comece a prender as bordas de cada uma, uma por uma. Talvez queira usar fita adesiva, que vai segurar melhor e mais rápido, mas a cola também vai funcionar (você vai ter que fazer o seu ajudante segurá-lo por horas enquanto esse tubo seca). Ao colar a extremidade maior do funil, dobre-os em uma ligeira curva. Quando terminar, as oito peças devem se conectar como um trompete de formato estranho.

ETAPA 4

Em seguida, comece a colar as bordas dos seus quatro retângulos de 8 cm por 1,5 cm para fazer um tubo quadrado. Deixe 1 cm de um lado não colado na extremidade para fazer uma aba.

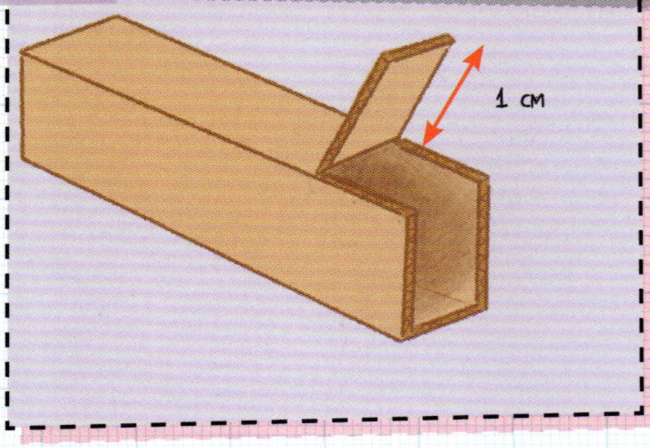

ETAPA 5

Empurre o tubo quadrado que você acabou de criar para o fundo do seu trompete para que a extremidade com a aba fique para fora. Enrole uma fita adesiva no local onde o trompete e o tubo se conectam para prendê-los. Você pode precisar de um pouco de fita!

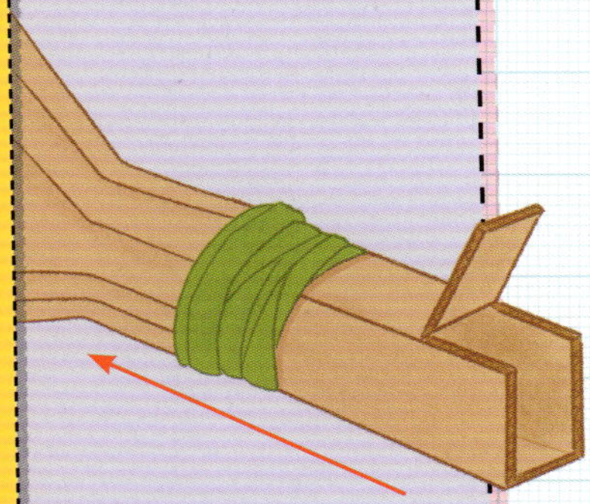

ETAPA 6

Repita a etapa 4 com os quatro retângulos de 10 cm por 1,5 cm. Além de deixar 1 cm de uma peça retangular solta em uma extremidade, deixe 1 cm de todas as quatro peças na outra extremidade solta para fazer quatro abas.

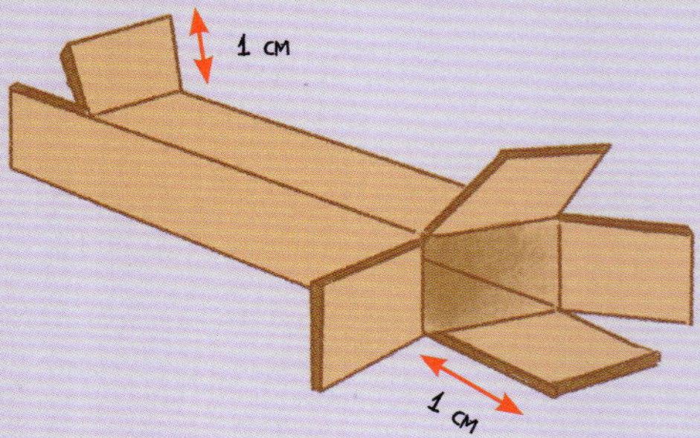

ETAPA 7

Encaixe a extremidade do tubo longo da etapa 6 no tubo quadrado saindo da trombeta. Use a aba em cada tubo para guiá-lo. Quando os tubos estiverem no lugar e formarem um canto, cole tudo.

CONTINUE

ETAPA 8

Para fazer a tampa da caixa, meça a largura e a profundidade do seu smartphone. No outro quadrado de 15 cm por 15 cm, corte dois furos: um deve ser um 1,5 cm por 1,5 cm quadrado e o abaixo que deve ser apenas um pouco maior do que a largura e profundidade do seu smartphone. Pode ser necessário pedir ajuda a um adulto.

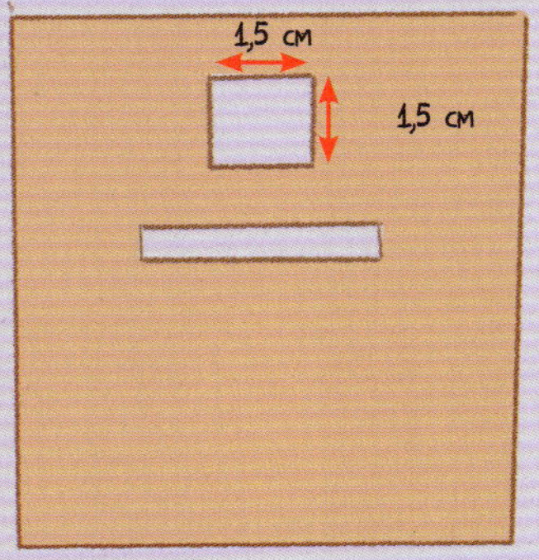

ETAPA 9

Empurre a extremidade do tubo da etapa 7 através do furo de 1,5 cm por 1,5 cm. Dobre as abas para fora e cole-as todas na parte inferior da tampa.

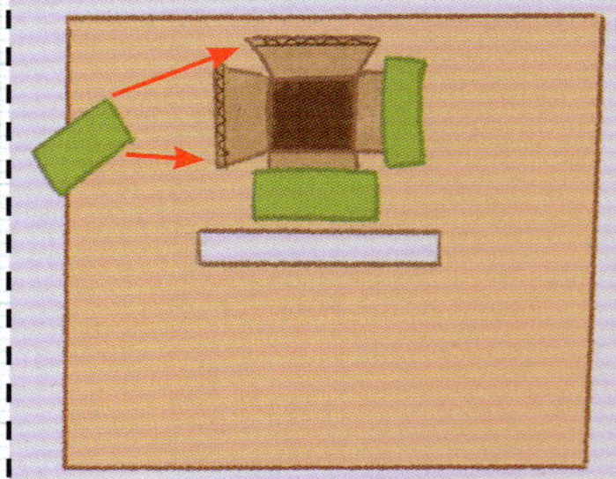

ETAPA 10

Cole cuidadosamente a tampa na caixa aberta que você fez na etapa 2. Pode precisar de um pouco de ajuda com isso, para segurar a tampa e o trompete enquanto você cola na caixa.

ETAPA 11

Ponha um pouco de música para tocar no smartphone e deslize o telefone na ranhura na tampa. Coloque seus sapatos de dança e remexa!

COMO FUNCIONA?

As ondas sonoras ficam mais silenciosas à medida que se espalham. Então, essas soam mais alto se você puder afunilá-las juntas. Os sons do alto-falante do seu smartphone saltam ao longo do tubo e saem para o funil, que os direciona em um feixe apertado para a pista de dança. Isso faz com que a música soe mais alta se você estiver alinhado com o funil, mas dificulta ouvir em outros lugares.

VOCÊ VAI PRECISAR DE

- COLA
- 1 ESPETO DE MADEIRA
- 10 PALITOS DE SORVETE
- FOLHAS DE PAPELÃO
- 2 SERINGAS DE PLÁSTICO
- 2 ABRAÇADEIRAS
- LUZ DE BATERIA LED COLORIDA
- TUBO DE PLÁSTICO DE 30 CM
- UM ADULTO COM UMA BROCA
- TIGELA DE ÁGUA
- CANETAS MARCADORAS
- PAPEL
- TESOURAS
- RÉGUA

TRAVESSURAS, GOSTOSURAS OU TERROR?

O Dia das Bruxas é o momento perfeito para dar um susto em seus amigos, mas a beleza desta experiência é que essa pode assustar durante todo o ano.

ETAPA 1

Usando uma tesoura, corte as pontas arredondadas de um palito de sorvete e, em seguida, corte em sete pedaços aproximadamente iguais. Cole os pedaços um em cima do outro. Repita com mais nove palitos, para ter dez pilhas.

ETAPA 2

Tire quatro quadrados das folhas de papelão. Os quadrados devem ser de 20 cm por 20 cm.

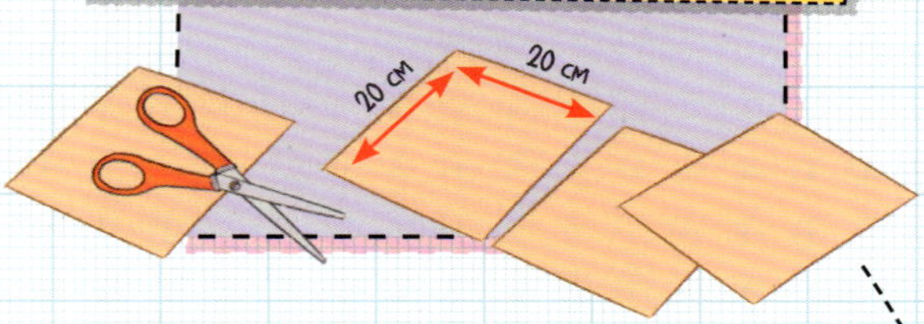

ETAPA 3

Cole os quatro quadrados juntos para fazer o fundo e três lados de uma caixa.

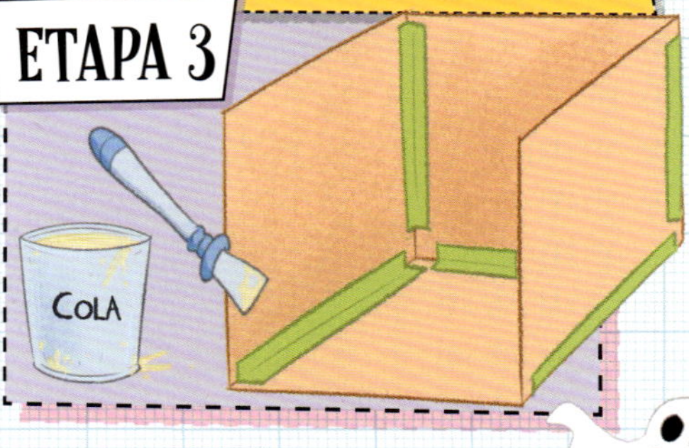

ETAPA 4

Peça a um adulto para fazer buracos no meio de oito das suas pilhas. Deixe dois sem furar.

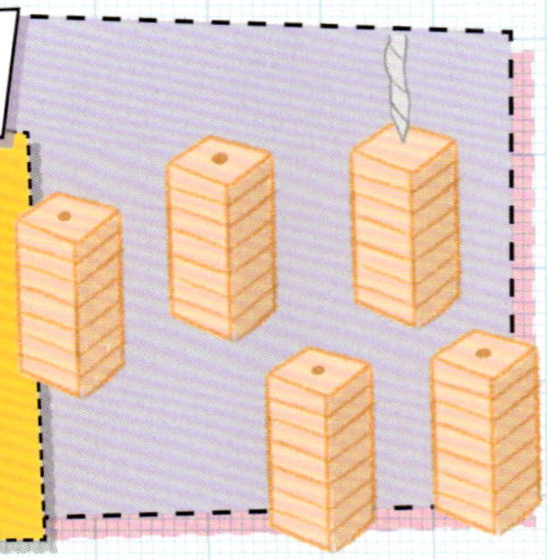

ETAPA 5

Cole duas das pilhas com furos nas bordas internas da caixa, como mostrado. Os furos nas pilhas devem estar voltados para dentro.

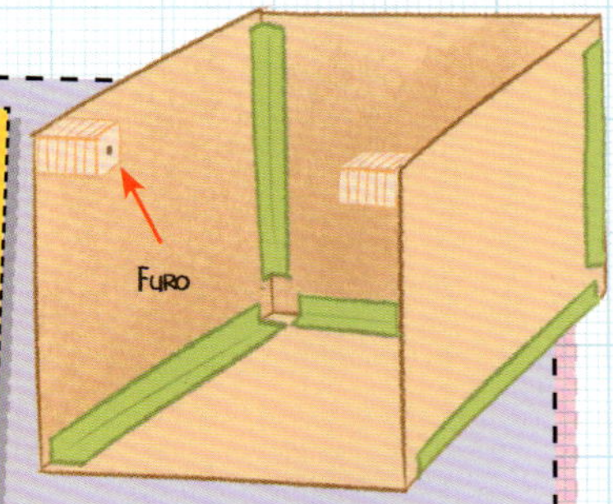

ETAPA 6

Corte o espeto de madeira para que tenha 19 cm de comprimento.

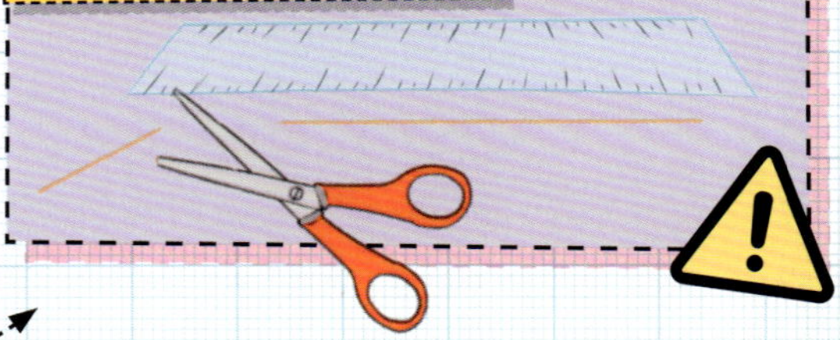

CONTINUE

ETAPA 7

Cole uma das pilhas sem um buraco ao lado de uma pilha com buracos. Repita este passo com a outra pilha não perfurada.

ETAPA 8

Coloque as duas pilhas do passo 7 no espeto. Insira cuidadosamente as extremidades do espeto nas duas pilhas que você colou nos cantos internos da caixa (etapa 5). Pode ser necessário dobrar os lados da caixa para fora um pouco para fazer isto. Tenha cuidado para não quebrar nada!

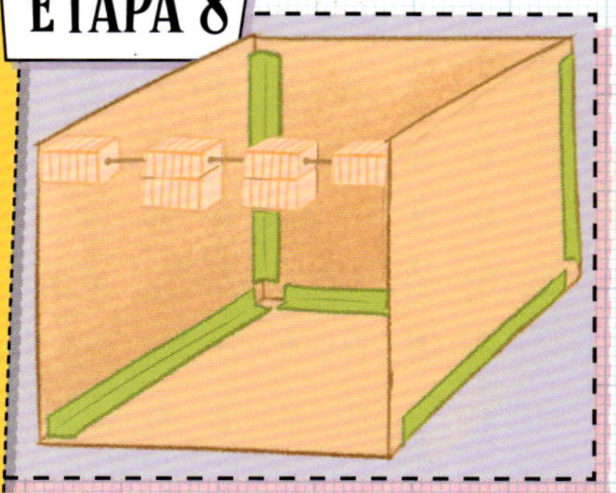

ETAPA 9

Corte um retângulo de papelão. Deve medir 19 cm por 20 cm. Esta é a tampa da caixa.

ETAPA 10

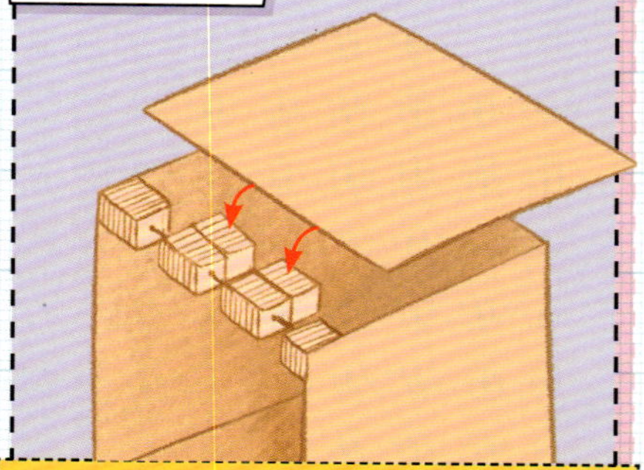

Use cola para fixar a tampa da caixa nos lados superiores das pilhas sem furos. Use a imagem acima para ajudar.

ETAPA 11

Cole uma das pilhas com furos no fundo da caixa. Deve estar no meio, a 1 cm da borda.

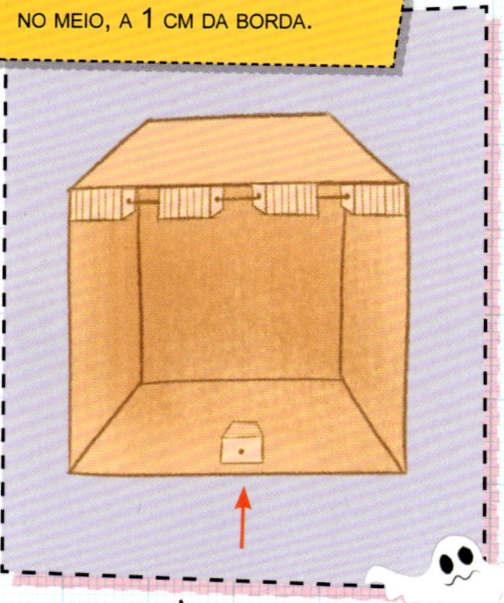

ETAPA 12

Corte outro quadrado de papelão (20 cm por 20 cm) e faça um buraco no fundo, apenas grande o suficiente para deslizar o tubo de plástico.

ETAPA 13

Cole o quadrado no lado aberto da sua caixa. O buraco deve estar no fundo, na frente da pilha a partir da etapa 11.

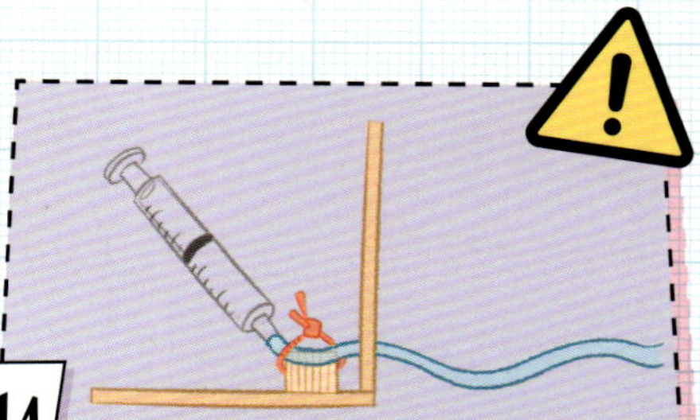

ETAPA 14

Deslize o tubo de plástico através do furo e conecte-o a uma seringa dentro da caixa. Peça a um adulto para ajudá-lo a segurar no lugar, deslizando uma abraçadeira através do buraco no cubo e apertando-o sobre o tubo. Não muito apertado!

ETAPA 15

Cole uma pilha com um furo na extremidade da seringa dentro da caixa.

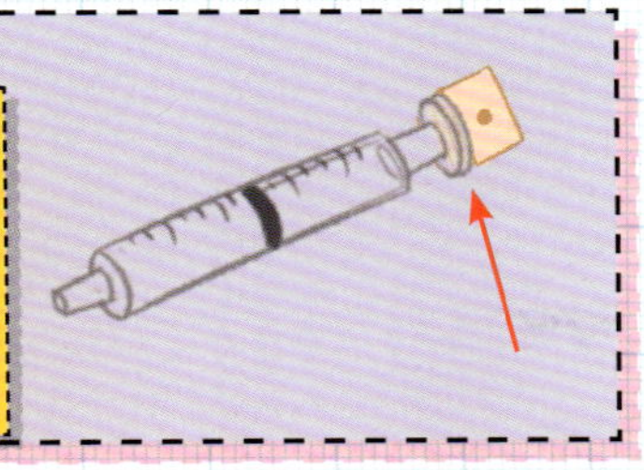

ETAPA 16

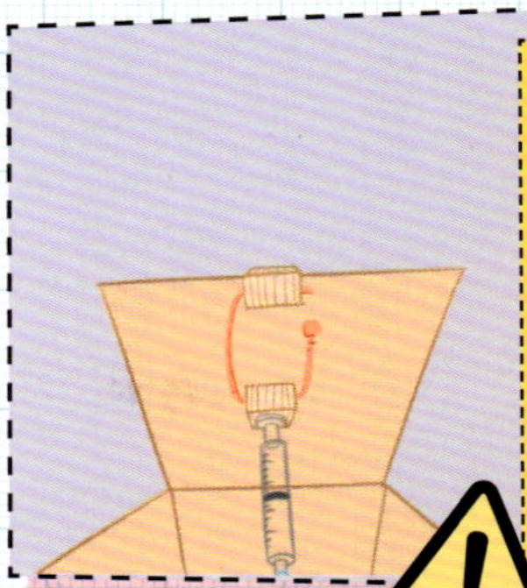

Cole a última pilha na parte inferior da tampa, no meio, 1-2 cm da borda. Peça ao seu adulto treinado para ajudá-lo a fechar a pilha dentro da tampa com a abraçadeira na extremidade da seringa.

ETAPA 17

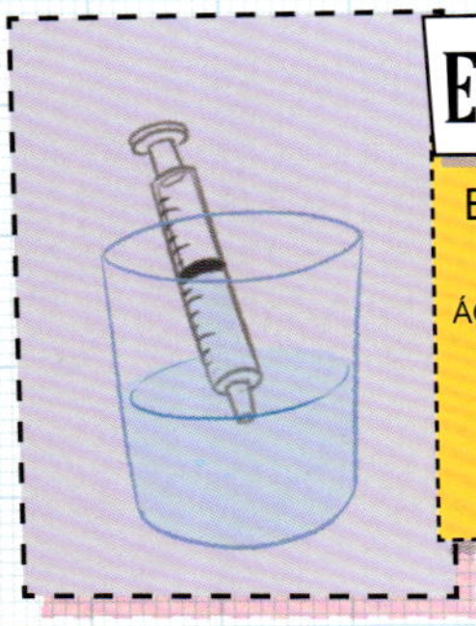

Encha a outra seringa com água e prenda-a à outra extremidade do tubo.

ETAPA 18

Coloque a luz LED na caixa. Em um pedaço de papel, use suas canetas marcadoras para desenhar o fantasma mais assustador possível, corte-o e cole a parte de trás da cabeça do fantasma na frente da pilha na tampa. Quando a tampa fecha, o fantasma deve ficar dentro da caixa.

ETAPA 19

Empurre o êmbolo da seringa para baixo e observe com espanto enquanto a água move o tubo e para dentro da outra seringa na caixa, empurrando o êmbolo para fora e levantando a tampa!

COMO FUNCIONA?

Uma dobradiça é uma junta móvel que permite que algo abra e feche. A tampa da sua caixa pode mover-se para cima e para baixo por causa da articulação da dobradiça. Há exemplos de dobradiças ao redor da sua casa: portas, janelas e portões são conectados por dobradiças.

Ao empurrar a seringa, a água dentro não tem para onde ir e a pressão aumenta. Esta pressão faz com que o êmbolo da outra seringa se mova para fora. À medida que a tampa é construída sobre uma dobradiça, quando o êmbolo se move para fora, também empurra a tampa para cima. Os sistemas hidráulicos, que usam água para criar movimento, são muito poderosos e são usados em máquinas como escavadeiras e caminhões basculantes.

SÃO E SALVO

Use esta combinação com segurança para manter todos os seus segredos e objetos de valor longe de olhares curiosos. Afinal, há algumas pessoas curiosas ao redor (estou olhando para você, irmãozinho).

Se você tiver uma pistola de cola quente e um adulto para empunhá-la, este projeto pode ser um pouco mais fácil.

Você vai precisar de

- Muito papelão
- 1 palito de sorvete
- Régua
- Lápis
- Caneta marcadora
- Folha de papel
- Um adulto
- Cola
- Tesouras
- Fita adesiva

ETAPA 1

Corte um quadrado de 13 cm por 13 cm de papelão. Usando um lápis e uma régua, desenhe um quadrado no centro do quadrado de 13 cm. Deve estar a 2,5 cm de cada borda. Corte cuidadosamente o quadrado no meio.

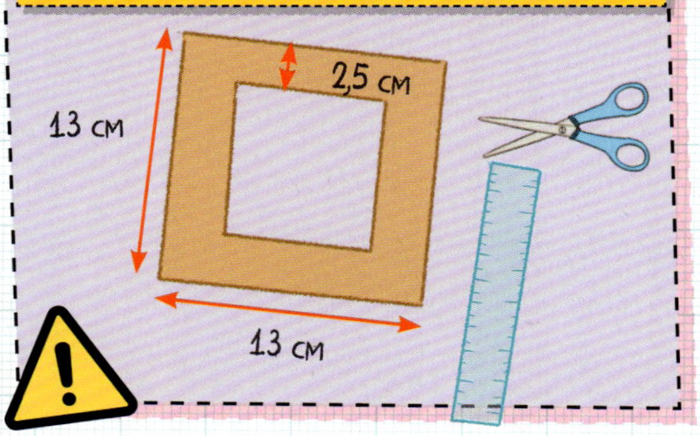

ETAPA 2

Com cuidado, em uma borda do quadrado interno, corte um entalhe quadrado de 1,5 cm na borda. Não importa onde.

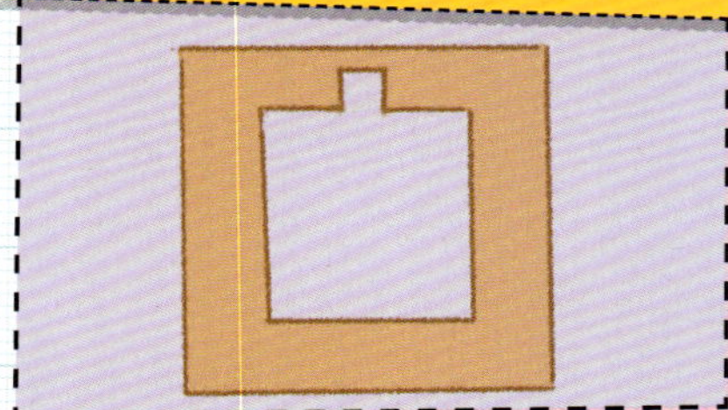

ETAPA 3

Corte outro quadrado de papelão de 9 cm por 9 cm.

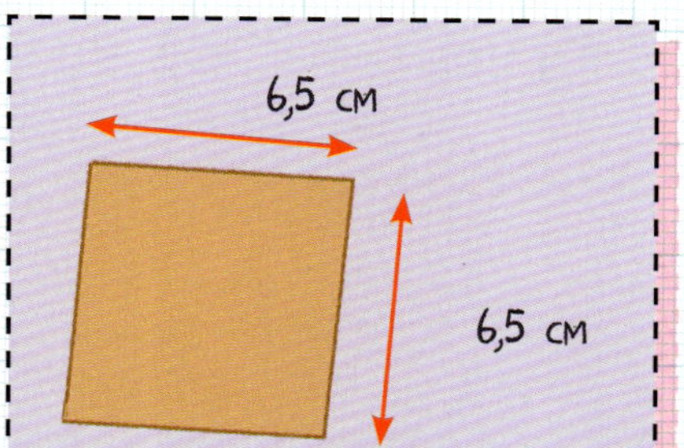

ETAPA 4

Adivinhou, corte mais um quadrado. Desta vez, deve ser de 6,5 cm por 6,5 cm.

ETAPA 5

Cole o quadrado de 6,5 cm de papelão no centro do quadrado de 9 cm que você fez na etapa 3 usando cola.

ETAPA 6

Corte uma tira de papel de 30 cm por 5 cm e enrole-a firmemente em torno de um lápis dentro de um tubo. Cole a ponta para que não se desfaça.

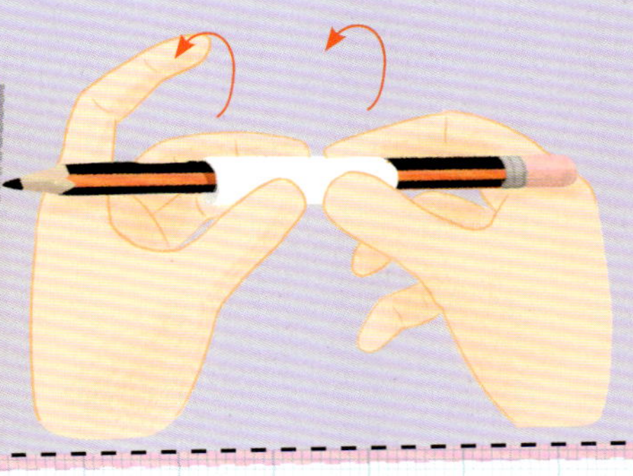

ETAPA 7

Corte o tubo para que fique com 1,5 cm de comprimento.

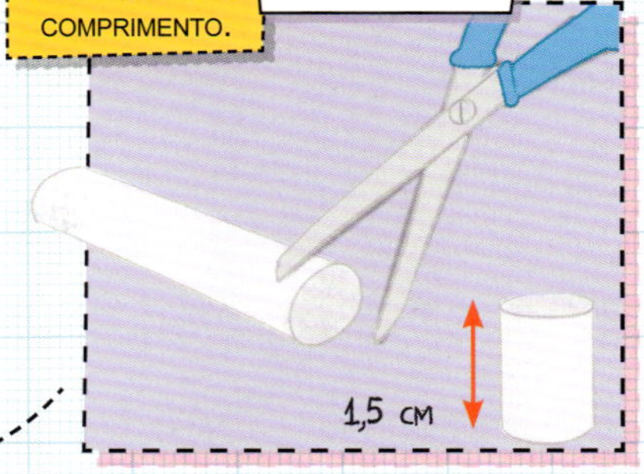

ETAPA 8

Peça ao seu adulto para fazer um buraco no centro dos quadrados de papelão colados a partir da etapa 4. Esse precisa ser largo o suficiente para caber confortavelmente em seu tubo de papel.

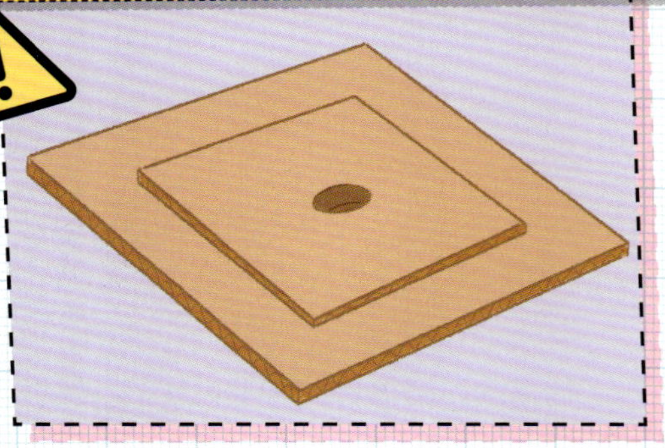

ETAPA 9

Empurre o pequeno tubo através do buraco.

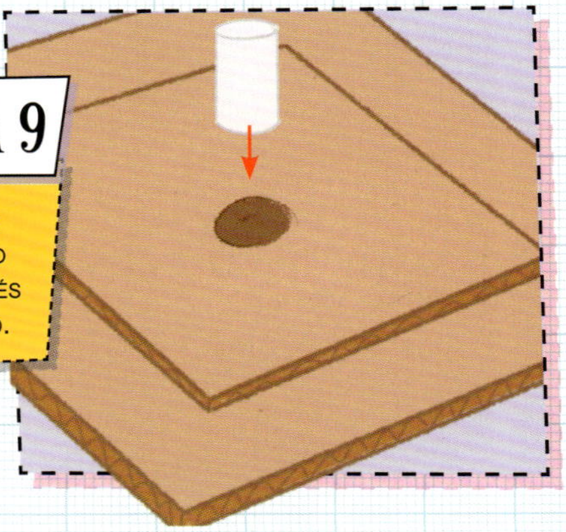

ETAPA 10

Recorte um círculo de 5 cm de largura de papelão para fazer um mostrador. Usando uma caneta de marcação, adicione números ao seu mostrador. Suba em incrementos de cinco e adicione pequenas linhas para os números intermediários.

CONTINUE

ETAPA 11

Cole cuidadosamente a parte de trás do mostrador no pequeno tubo de papel da etapa 9. Deve ser colado no lado plano, não no lado com o quadrado extra colado. Tenha cuidado para apenas colocar cola no tubo e não no papelão ao redor desse.

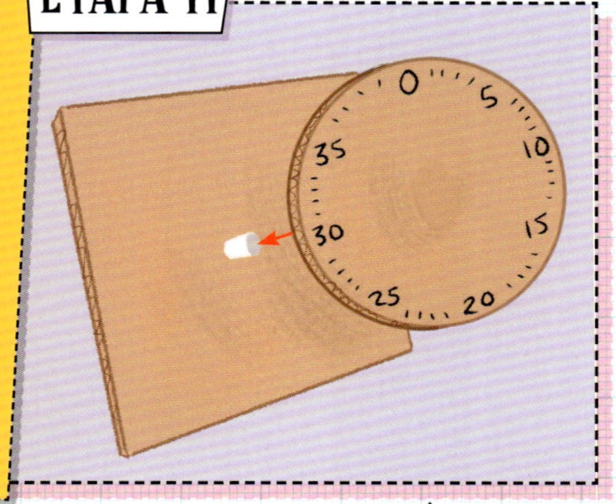

ETAPA 12

Vire o quadrado de papelão e cole um palito na outra extremidade do tubo de papel.

ETAPA 13

Peça a um adulto para ajudá-lo a cortar 1 cm da extremidade do palito – não importa qual extremidade. Esta é a sua porta de combinação.

ETAPA 14

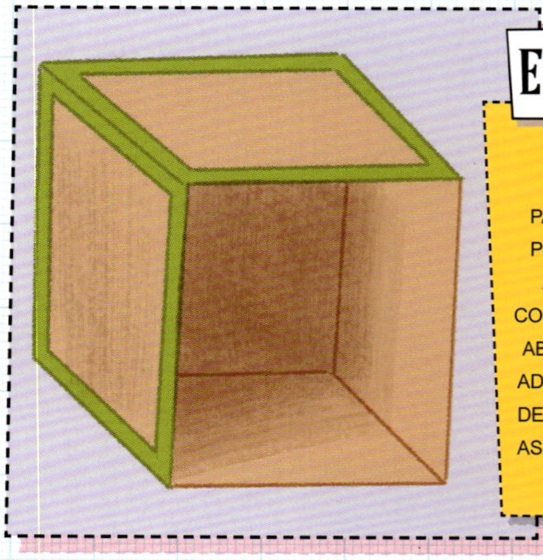

Recorte cinco quadrados de papelão de 13 cm por 13 cm e cole as bordas para construir uma caixa aberta. Você pode adicionar um pouco de fita adesiva para as bordas e cantos para a força.

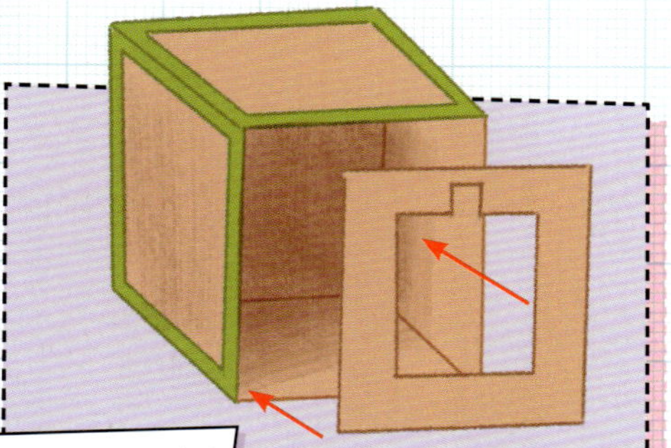

ETAPA 15

Pegue o quadrado de papelão da etapa 1 e cole-o na frente da sua caixa para fazer a moldura da porta. Não importa para que lado vai ou onde está o entalhe.

ETAPA 16

Segure a peça da porta combinada e posicione o palito de modo que a broca que paira sobre a borda do quadrado interno esteja no mesmo lugar que o seu entalhe.

ETAPA 17

Usando tiras de cartão, cole algumas dobradiças à sua porta para mantê-la no lugar.

ETAPA 18

Use a caneta marcadora para desenhar uma pequena seta na porta acima do mostrador no meio. Terá de alinhar a sua combinação secreta com esta seta para abrir o cofre.

ETAPA 19

Para descobrir a sua combinação secreta, rode lentamente o mostrador, incremento por incremento, até que a extremidade pendente do palito se alinhe no interior com o entalhe na moldura e a porta se abra! Lembre-se do número ou escreva-o em um pedaço de papel e esconda-o em algum lugar. Agora, encha o seu cofre com todos os seus tesouros!

COMO FUNCIONA?

A porta não abrirá a menos que o palito de sorvete esteja alinhado com o entalhe na moldura. A posição do palito de sorvete é controlada pelo mostrador. O mostrador deve ser girado para a posição correta para que o palito passe pela abertura. A posição do mostrador pode ser definida pelos números - mas só você sabe o número certo para alinhar com a seta.

CONSTRUIR UM GUINDASTE

CRIE UM CANTEIRO DE OBRAS EM SUA PRÓPRIA CASA COM MUITA DIVERSÃO, TUDO EM NOME DA CIÊNCIA!

VOCÊ VAI PRECISAR DE

- CARTÃO
- ESPETOS DE MADEIRA
- BARBANTE
- 1 POTE DE IOGURTE LIMPO
- MASSA DE MODELAR
- TESOURAS
- LÁPIS
- RÉGUA
- COLA
- UM ADULTO

ETAPA 1

ESTE SERÁ UM GRANDE PRIMEIRO PASSO, POR ISSO É HORA DE TRAZER PARA FORA ESSAS HABILIDADES IMPRESSIONANTES DE CORTAR PAPELÃO. USE UM LÁPIS E UMA RÉGUA PARA DESENHAR TODAS AS PEÇAS NECESSÁRIAS E, EM SEGUIDA, RECORTE-AS E COLOQUE-AS DE LADO.

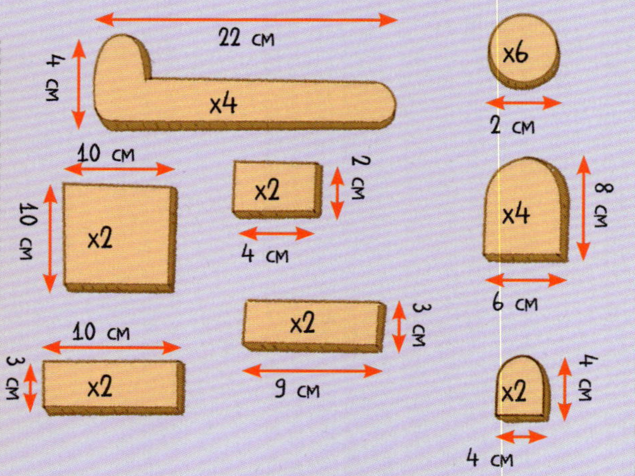

ETAPA 2

COLE DUAS DAS PEÇAS LONGAS DE 22 CM POR 4 CM COM ARCOS NA EXTREMIDADE JUNTOS. REPITA COM OS OUTROS DOIS. ESTES SERÃO OS BRAÇOS DO GUINDASTE.

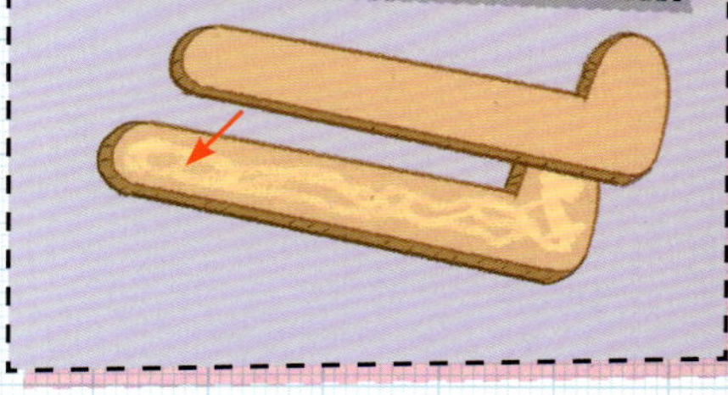

ETAPA 3

COLE DOIS DOS ARCOS DE 8 CM POR 6 CM DE COSTAS. REPITA ESSA ETAPA COM OS OUTROS DOIS ARCOS DO MESMO TAMANHO.

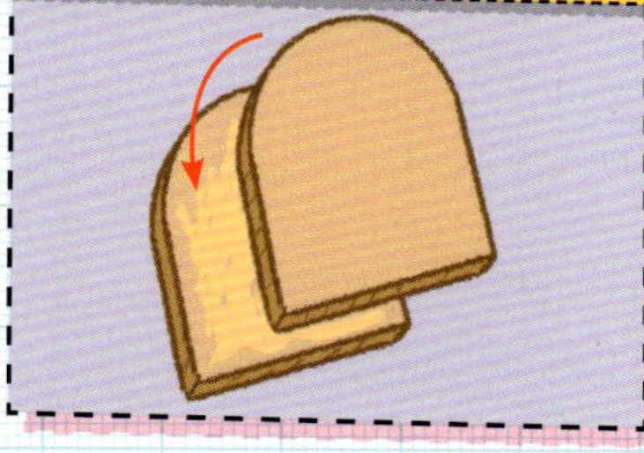

ETAPA 5

COLE OS OUTROS 10 CM POR 10 CM QUADRADOS NA PARTE SUPERIOR DA CAIXA ABERTA.

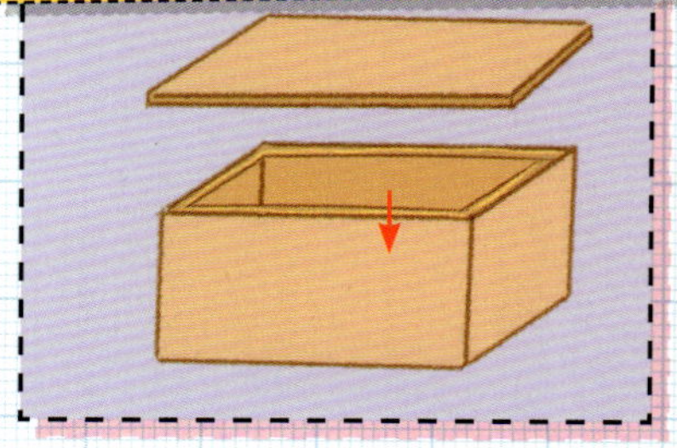

ETAPA 4

USANDO UM DOS QUADRADOS DE 10 CM POR 10 CM COMO BASE, COLE O FUNDO DOS 10 CM POR 3 CM E OS RETÂNGULOS DE 9 CM POR 3 CM NAS LATERAIS PARA FAZER UMA CAIXA RASA.

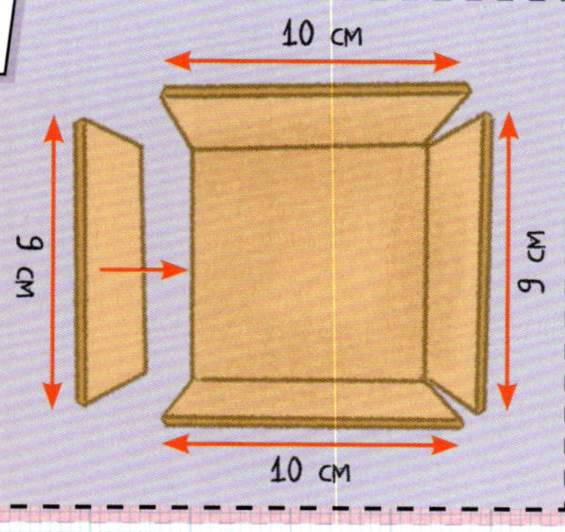

ETAPA 6

Peça a um adulto para ajudá-lo a fazer buracos em todos os arcos. Para ambos os arcos maiores, um furo deve estar a 1 cm da parte superior do arco e o outro a 3 cm da parte inferior. Para os arcos menores, faça um buraco a 1 cm dos dois.

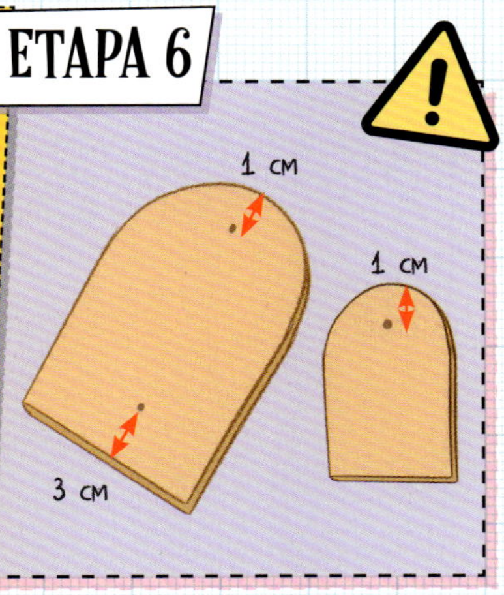

ETAPA 7

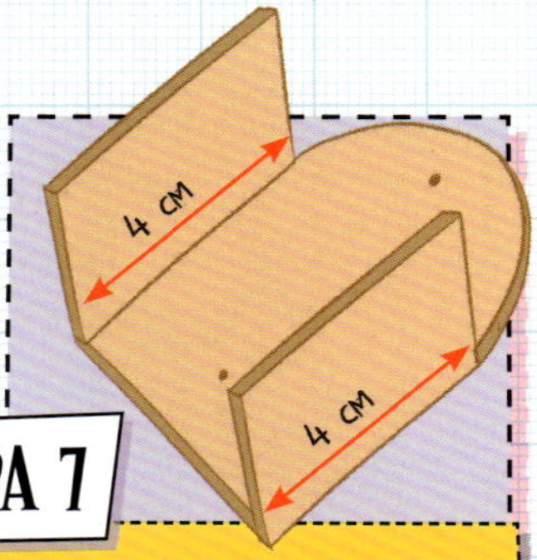

Cole os retângulos de 2 cm por 4 cm ao lado de um dos arcos maiores. A borda de 4 cm deve ser a borda colada ao arco.

ETAPA 8

Cole o outro arco grande nos lados opostos dos retângulos.

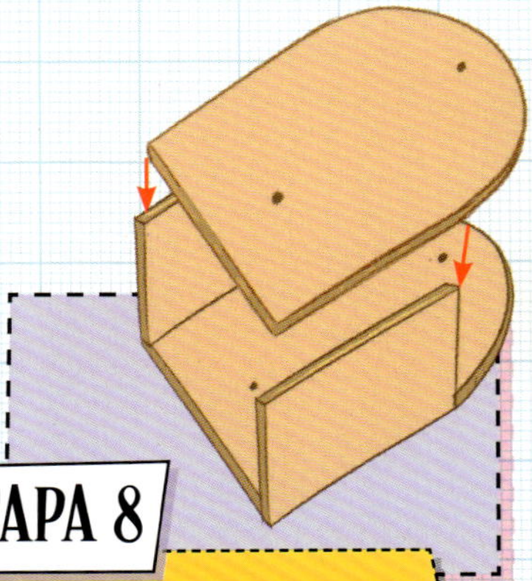

ETAPA 9

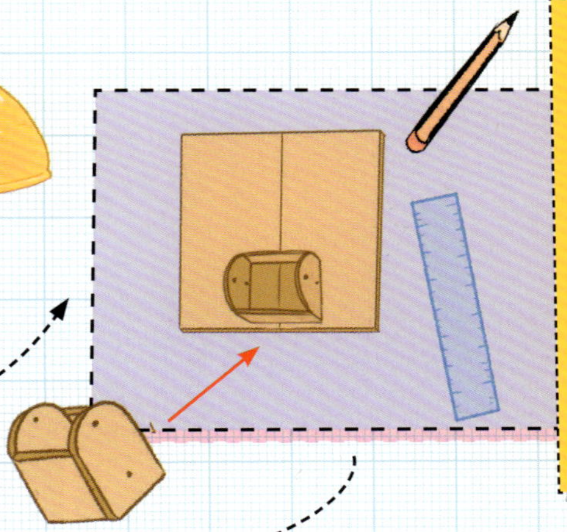

Use a régua para encontrar o centro da caixa a partir da etapa 5 e desenhe uma linha. Cole a parte inferior da estrutura que você fez no passo 8 no centro da linha, de modo que a borda de um dos retângulos toque a borda da caixa.

ETAPA 10

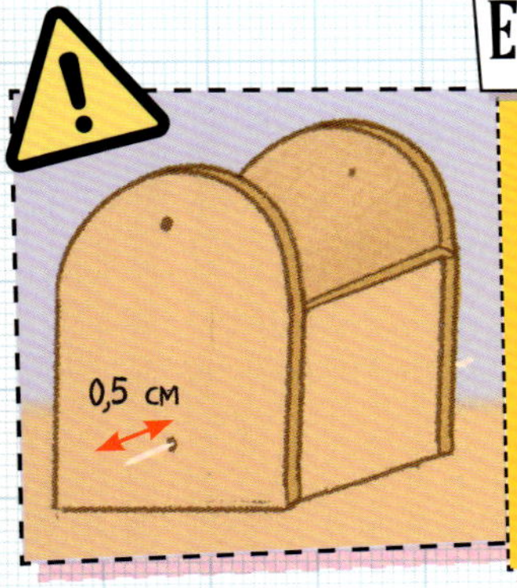

Empurre um espeto de madeira através dos furos inferiores nos arcos e peça a um adulto para ajudá-lo a cortá-lo para que esse só fique para fora de cada lado dos arcos por 0,5 cm.

ETAPA 11

Faça um buraco no meio de um círculo de papelão (da etapa 1) e empurre-o cuidadosamente no espeto. Use um pouco de cola ou uma pequena bola de massinha de modelar para mantê-la no lugar. Tenha cuidado para não colar o círculo aos arcos, pois o espeto precisa girar facilmente. Repita do outro lado com outro círculo de papelão.

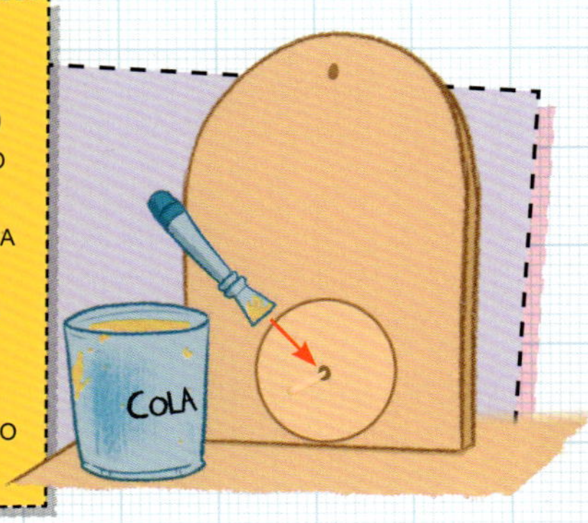

ETAPA 12

Cole um pedaço de 4 cm de espeto de madeira na borda de um dos círculos de papelão — não importa qual lado escolher. Esta é a sua alça.

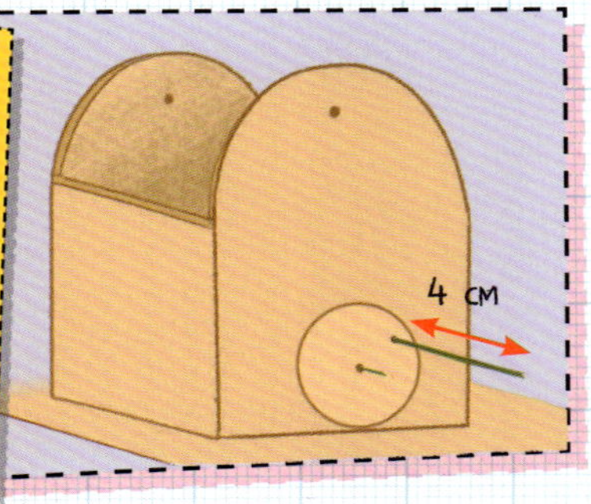

CONTINUE

ETAPA 13

Repita as etapas 10 a 12, mas desta vez passando o espeto pelos furos superiores nos pequenos arcos.

ETAPA 14

Peça a um adulto para ajudá-lo a fazer oito buracos nos braços do seu guindaste (da etapa 2). Use a imagem para ver onde os buracos devem ir.

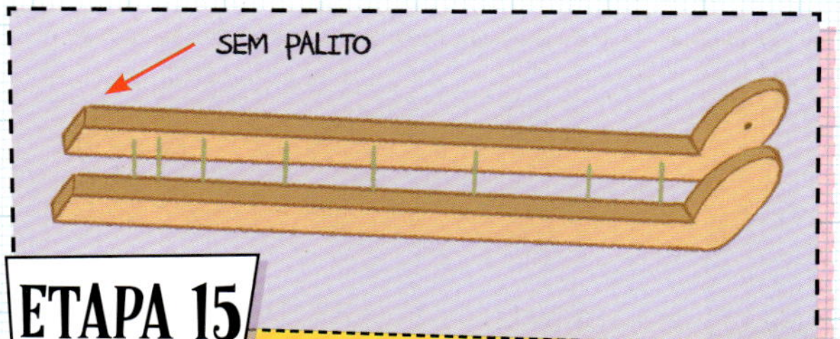

ETAPA 15

Peça a um adulto para cortar oito pedaços de 2 cm de espeto de madeira. Empurre-os através dos furos nos braços do guindaste. Não ponha um espeto no último buraco do lado esquerdo ainda. Quando os tiver todos no lugar, adicione um pouco de cola nas extremidades de cada espeto.

ETAPA 16

Cole um dos arcos menores na frente de um arco maior. Então – você pode precisar de ajuda aqui – empurre um espeto através do furo no pequeno arco e através dos furos vazios nas extremidades dos braços do guindaste.

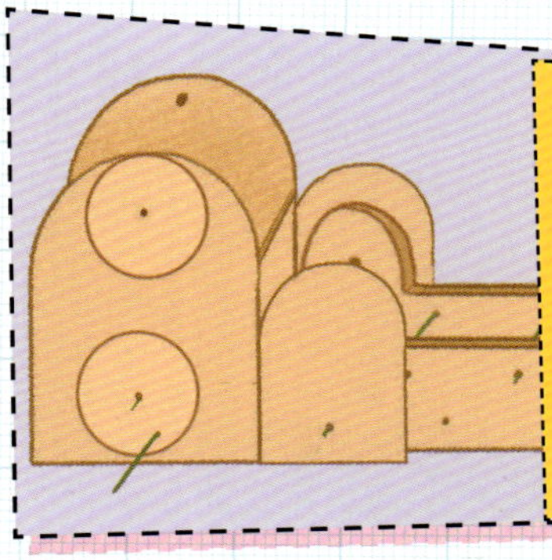

ETAPA 17

Coloque o segundo arco pequeno do outro lado dos braços e deslize o espeto através do buraco. Cole cuidadosamente a borda inferior deste arco na caixa para impedir que esse se mova.

ETAPA 18

Repita a etapa 11, mas desta vez cole os círculos de papelão nas extremidades do espeto nos arcos menores. Tenha cuidado para colar apenas a extremidade do espeto aos círculos.

ETAPA 19

Corte dois pedaços de barbante de 50 cm e amarre um no espeto de madeira inferior nos arcos maiores. Adicione um pouco de cola sobre o nó para impedi-lo de girar.

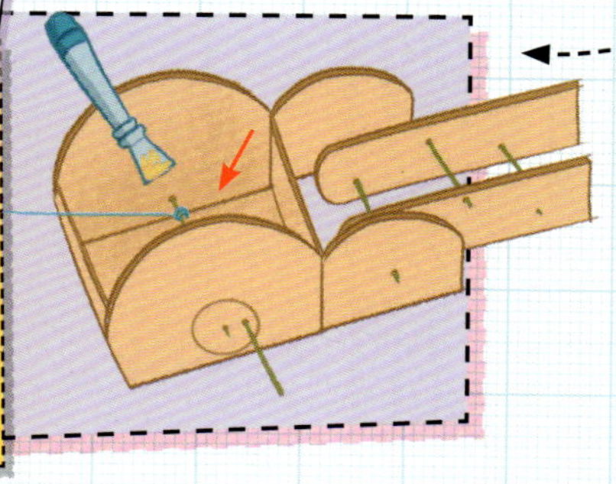

Passe o barbante pelos espetos. Usando a imagem abaixo para guiá-lo. Comece por passar por cima, depois por baixo e continue até ao fim. Não corte o excesso.

ETAPA 20

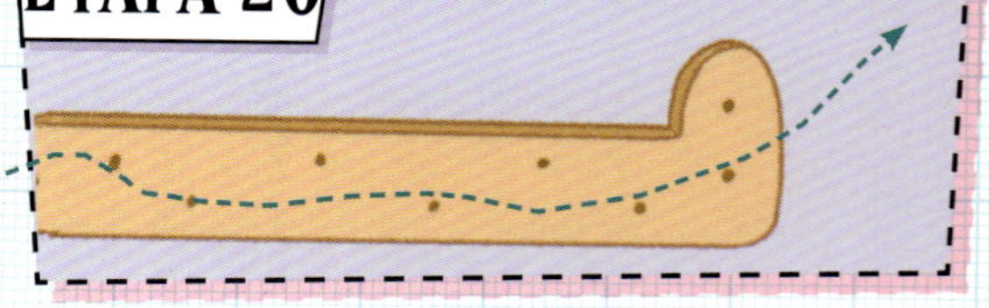

ETAPA 21

Amarre outro pedaço de barbante no meio do espeto superior nos grandes arcos e cola. Puxe o barbante esticado e cole-o no espeto horizontal superior entre os arcos grandes. Certifique-se de que o barbante não está frouxo e corte qualquer excesso.

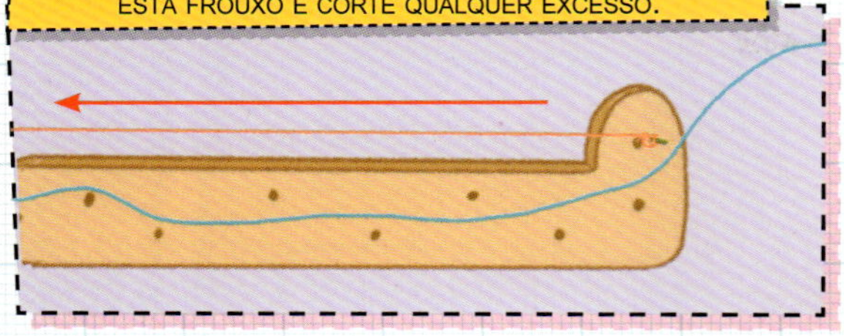

ETAPA 22

Corte quatro comprimentos de barbante de 12 cm. Cole os pedaços de barbante nas laterais do seu pote de iogurte vazio para fazer uma alça. Amarre a ponta longa e pendente do barbante da etapa 20 à alça.

ETAPA 23

O carretel superior controla o braço do guindaste, fazendo com que esse se mova para cima e para baixo. O carretel inferior controla a subida e descida do balde (seu pote de iogurte). Então, encha-o com a sua carga mais preciosa e inquebrável, e eleve!

COMO FUNCIONA?

Um guindaste tem tudo a ver com forças. O barbante preso ao carretel superior levanta e abaixa o braço do guindaste (às vezes chamado de lança). Se você puxar o barbante, esse aplica uma força para levantar e, se você soltar o barbante, a gravidade puxará o braço para baixo. O barbante preso ao carretel inferior é preso à carga. Isso aumentará e diminuirá da mesma maneira. Você fornece a força para levantá-lo e a gravidade fará o trabalho na descida.

DIFERENTES TIPOS DE ENGENHEIRO

Diferentes tipos de engenheiros se especializam em coisas diferentes. Ao trabalhar neste livro, você realizou o mesmo trabalho que todos esses engenheiros pelo menos uma vez.

ENGENHEIROS AUTOMOTIVOS

Um engenheiro automotivo projeta os veículos que usamos todos os dias.

- Diversão com carrinhos! – página 10
- Corrida da bagunça – página 40
- Construir um guindaste – página 60

ENGENHEIROS BIOMÉDICOS

- Mandíbulas de monstro – página 8
- Mão gigante – página 46

Os engenheiros biomédicos projetam e testam equipamentos médicos que funcionam com o corpo humano.

ENGENHEIROS NAVAIS

Um engenheiro naval projeta, constrói, testa e repara máquinas que entram na água.

- Remando para longe – página 14

ENGENHEIROS QUÍMICOS

- Pula pula! – página 18
- Corrida da bagunça – página 40

Os engenheiros químicos usam a ciência para transformar produtos químicos em coisas mais úteis ou valiosas.

ENGENHEIROS ESTRUTURAIS

Os engenheiros estruturais projetam edifícios para garantir que permaneçam em pé, mesmo durante desastres naturais.

- Enrolar, enrolar – página 28
- Torres de jujuba – página 36
- Montanha-russa – página 44

ENGENHEIROS AEROESPACIAIS

- Decolar! – página 16
- Ovos voadores! – página 20

Engenheiros aeroespaciais projetam, constroem e testam máquinas que voam e vão para o espaço.